T0364572

Collins

AQA GCSE 9-1
Spanish

Workbook

with audio download

Allison Macaulay

Contents

Visit our website at **collins.co.uk/collinsGCSErevision** to download the audio material for the Listening Paper on pages 33–45 of this workbook.

Me, My Family and Friends

1 Read the account below and then answer the questions that follow.

> Me llamo Elena y tengo 14 años. Voy a hablar de mi familia.
>
> Somos cinco en casa. Mi padre, Juan es italiano y trabaja en un hospital porque es médico. Creo que es muy gracioso y simpático. Mi madre se llama Dolores y es dentista. Es guapa e inteligente y muy trabajadora. Somos muy amigas.
>
> Tengo un hermano, Ramón. Es muy deportivo y es cocinero en un hotel. Me gusta mucho porque es muy amable y extrovertido. También tengo un hermanastro que se llama Pedro y es francés. Es mecánico pero en mi opinión, es muy perezoso. Tiene una novia, Charito que es bonita pero bastante antipática y no me gusta mucho.
>
> Finalmente, mi madre dice que soy habladora pero yo no estoy de acuerdo. Pienso que soy tímida. En el futuro quiero ser profesora aunque mis padres quieren que sea farmacéutica. ¡Ya veremos!

a) How does Elena describe her father? Give two details.

   i) ....

   ii) .... [2]

b) What is Elena's mother like? Give three details.

   i) ....

   ii) ....

   iii) .... [3]

c) What does Ramón do? .... [1]

d) Why doesn't Elena like Pedro's girlfriend very much? .... [1]

e) How does Elena describe herself? .... [1]

f) What does Elena want to be? .... [1]

2 Draw lines between the boxes to complete the sentences.

Creo que mi hermano es muy inteligente…	…estricto, pero también puede ser muy gracioso.
Mi madre tiene el pelo largo…	…practica deporte cinco veces a la semana.
En mi opinión mi padre es muy…	…porque aprobó todos sus exámenes.
Mi abuela es muy simpática y…	…y rizado con los ojos verdes.
Tengo dos hermanas que pueden ser…	…cariñosa y siempre me ayuda con todo.
Mi tía Paula es muy activa y…	…impacientes y a veces me molestan.

[6]

3 Read Nuria's account of relationships within her family.

En mi familia somos cinco personas. Mis padres tienen cuarenta y cinco años los dos. Luego tengo un hermano mayor que tiene veinte años y también tengo una hermana mayor que tiene dieciocho años. Yo soy la pequeña con catorce años.

Me llevo muy bien con mi padre porque es muy simpático y siempre hablo con él. También es muy comprensivo. En cuanto a mi hermana, no me llevo muy bien con ella porque, en mi opinión, es muy perezosa y nunca ayuda en casa. También a veces es bastante antipática.

Creo que me parezco mucho a mi madre porque somos las dos de estatura mediana con el pelo castaño y rizado. Pero de carácter, somos muy diferentes, en eso soy más como mi padre.

Complete the sentences.

Write the correct letter in the boxes.

a) The youngest member of Nuria's family is...

A	her brother
B	Nuria
C	her sister

[1]

b) Nuria thinks that her sister is...

A	kind
B	lazy
C	funny

[1]

c) Nuria has hair like her...

A	sister
B	mum
C	dad

[1]

Me, My Family and Friends

4 Your Spanish friend, Luisa, has answered this questionnaire from a magazine about technology. You read the questionnaire and look at the answers she has circled.

¿Cómo usas la Tecnología?

¡Puedes leer los resultados en la página 50!

1 ¿Cuántas veces al día usas tu móvil?

    A   sobre unas cincuenta veces o quizás menos

    B   más o menos cien veces

    (C) cada diez minutos e incluso durante las clases

2 ¿Para qué sueles usar tu móvil?

    (A) Para mandar mensajes y comunicarse con amigos y familia

    B   Para navegar la red y buscar información

    C   Para sacar fotos

3 Si dejas el móvil en casa y llegas al colegio sin él, ¿qué haces?

    (A) Llamas a tus padres que te traigan el móvil al colegio

    B   Pasas el día sin el móvil

    C   Vuelves a casa para recogerlo

4 ¿Piensas que las redes sociales son una cosa positiva?

    A   Sí, son muy útiles para informarte de muchas cosas

    B   No, porque puede haber gente engañosa que te pide cosas

    (C) Sí, si sabes usarlo de una manera segura, no hay problema

a) According to the circled answer, do you think that on average Luisa uses her mobile too much? Tick the correct box.

Yes ☐   No ☐

Give a reason for your answer.

_____ [1]

b) According to the circled answer, for what purpose does Luisa use her phone most of the time?

_____ [1]

c) According to the circled answer, do you think that Luisa is too dependent on her mobile?

Yes ☐   No ☐

Give a reason for your answer.

.... [1]

d) According to the circled answer, what is her opinion of social media?

.... [1]

5 You read a problem page in a Spanish magazine.

Hola, soy Charro. Tengo dieciséis años y tengo un problema con mi madre y mi novio. Llevo dos años saliendo con Vicente y estamos muy enamorados. Él me quiere mucho y yo le quiero a él. Yo sé que me quiero casar con Vicente dentro de dos años. No me importa que solo tengamos dieciocho años entonces, porque él es el hombre de mi vida. Ya me ha comprado un anillo de compromiso pero no lo puedo enseñar a mi madre porque ella dice que somos demasiado jóvenes para hablar del matrimonio y piensa que somos muy niños todavía.

He intentado explicarla como me siento, pero dice que no puedo casarme con Vicente. No quiero enfadarles a mis padres pero sé que no voy a cambiar mi manera de pensar. ¿Cómo puedo convencerlos que lo decimos en serio y que ya no somos niños? Vicente va a buscar un trabajo en cuanto termine el instituto.

Choose the four correct statements from the box below.

A	Vicente is 18 years old.
B	They love each other.
C	Charro wants to marry him.
D	Vicente said they would have to compromise.
E	They want to have children.
F	Charro's mum thinks they are too young to get married.
G	Charro doesn't want to upset her parents.
H	Vicente has a job.

Write the correct letters in the boxes.   ☐ ☐ ☐ ☐   [4]

Me, My Family and Friends

6 Read the blog about Pablo's social media site and complete the text using words from the list.

Write the correct letter in the boxes.

Anoche colgué unas fotos en mi muro de Facebook. Me encanta ☐ cosas para que las vean mis ☐ o mi familia. Para mí, es la mejor ☐ de mantenerme en contacto con todo el mundo porque tengo, como mínimo, a ☐ amigos. Al principio mis padres no estaban ☐ porque pensaban que las redes sociales eran muy tontas, pero ahora ven que pueden ser útiles.

A	trescientos
B	buscar
C	colgar
D	contentos
E	familia
F	manera
G	amigos
H	página
I	aburridos

[5]

Free-time Activities

1 Choose the correct activity from the options given to complete the sentences about free time.

la cocina   los videojuegos   el rugby   las canciones

los deportes de invierno   la vela

a) A mí me gusta cantar, sobre todo .... flamencas.

b) Para mí, lo que me encanta es hacer .... ¡Siempre preparo dulces y pasteles!

c) Lo mejor es practicar .... porque me gusta la nieve y el frío.

d) A mi hermano le gusta mucho .... porque es un deporte muy físico.

e) A mí me gusta jugar con .... en casa.

f) Prefiero estar en mi barco practicando .... [6]

2 Read the blog about Enrique's Christmas celebrations and complete the text using words from the list. Write the correct letter in the boxes.

> Celebramos las Navidades el 24 y el 25 de diciembre. Normalmente el día 24, que es la Noche Buena, ⬚ con la familia por la noche y vamos a la ⬚ del gallo. Luego el día 25, abrimos los ⬚ y pasamos mucho tiempo juntos ⬚, cantando villancicos y comiendo mucho. A mí me encanta porque vemos mucho a mis tíos, abuelos y primos y todos lo ⬚ bien juntos. Es muy especial.

[5]

A	jugando
B	puertas
C	comimos
D	cenamos
E	familia
F	misa
G	comer
H	pasamos
I	regalos

3 Read the accounts below of restaurant meals and then answer the questions that follow.

Ángel: Fui a un restaurante la semana pasada con mi familia para el cumpleaños de mi hermano. Yo comí mariscos con patatas y ensalada y estaba muy rica. De postre tomé el arroz con leche que a mí me encanta. Mis padres pagaron y me lo pasé bien.

Free-time Activities

Rosi: Yo salí a cenar con mi amiga en un restaurante cerca de mi casa. Su hermano es el camarero allí. Mi amiga pidió pollo con patatas fritas pero dijo que las patatas fritas estaban frías. Su hermano nos pidió otro plato y al final nos dieron un descuento. Tomamos las dos helado de chocolate y luego un café. Realmente no nos costó demasiado y lo pasamos bien.

Jaime: Cuando estaba de vacaciones el año pasado mi familia y yo fuimos a un restaurante mexicana donde comimos platos típicos de allí. El mío estaba demasiado picante y no pude comerlo. Los camareros eran bastante maleducados y tardaban mucho tiempo en atendernos. Pedí un café después pero estaba frío entonces tuve que pedir otro. Al final tuvimos que pagar mucho y salimos muy tarde del restaurante a causa del tiempo que teníamos que esperar.

a) Who loves rice pudding? ....

b) Whose food was very spicy? ....

c) Whose meal was reasonably priced? ....

d) Who was celebrating a special occasion? ....

e) Who had rude waiters? ....

f) Who had ice-cream? ....

g) Who paid a lot? ....

h) Who had seafood? ....

i) Who had slow service? ....

j) Whose coffee was cold? ....   [10]

4 Translate the text below into **English**.

> Me gusta mucho escuchar música y lo que más me gusta, es la música rock. Suelo escucharla en mi móvil cuando voy en autobús al colegio y también durante los recreos y por la noche en casa. La semana pasada fui a un concierto de mi grupo preferido. ¡Fue estupendo!

....

....

....

....

....

....   [9]

5 Lee lo que dice Javier sobre su tiempo libre.

Pues, en mi tiempo libre me gusta mucho practicar el deporte, me encanta ir al cine con mis amigos y a veces leo novelas de intriga también. Prefiero practicar la natación y entreno en la piscina tres veces a la semana. Para mí, el deporte no es sólo un pasatiempo, sino que también es una manera de mantenerme en forma, y eso es muy importante.

El fin de semana pasado fui a la piscina con mis primos y lo pasamos genial. Luego visité a mis abuelos que viven a media hora de mi casa. Por la noche fui al cine con mi familia para ver una nueva comedia. Yo prefiero ver una película en el cine porque es más emocionante que en casa, pero creo que es más divertido ir con mis amigos.

Este fin de semana voy a jugar al bádminton con mi mejor amigo en el polideportivo y después hemos quedado con cuatro compañeros para ir otra vez al cine.

Responde a las preguntas en **Español**.

a) ¿Cuáles son los tres pasatiempos preferidos de Javier?

_____

_____

_____ [3]

b) ¿Por qué dice que el deporte es muy importante?

_____ [1]

c) ¿A quién visitó Javier?

_____ [1]

d) ¿Con quién prefiere ir al cine?

_____ [1]

e) Javier y su mejor amigo van al cine el fin de semana, ¿Con quién van?

_____ [1]

6 Re-order the sentences below by numbering them 1–10 so that they form a conversation at the market.

- ¿Cuánto cuestan las manzanas? ☐
- Sí, déme un kilo de peras, por favor. ☐
- No, nada más, gracias. ¿Cuánto es? ☐
- ¿Qué desea? ☐
- Dos euros el kilo. ☐
- Aquí tiene, gracias, adiós. ☐
- Aquí tiene. ¿Algo más? ☐

- ¿Quiere algo más? ☐
- Pues, un kilo de manzanas, por favor. ☐
- Son tres euros cincuenta. ☐

[10]

7 Match the sports to the descriptions below.

A	Es un deporte que se puede hacer en equipo o como individuo y hay que ser muy flexible.
B	Se juega en equipo con un balón, pero los pies no pueden ponerse en contacto con ello.
C	Deporte acuático que se puede hacer en un río, en el mar o en la piscina.
D	Deporte que se practica en un campo muy grande con una pequeña pelota dura y un palo.
E	Un deporte rápido que se hace con dos ruedas, o en equipo o como individuo. Hay que tener mucha fuerza.
F	Deporte individual que se practica en un cuadrilátero contra otra persona.

Write the letter in the box.

a) Golf ☐ [1]

b) Boxing ☐ [1]

c) Gymnastics ☐ [1]

d) Diving ☐ [1]

e) Basketball ☐ [1]

f) Cycling ☐ [1]

8 Draw lines between the boxes to match the Spanish to the English.

¿Perdone, dónde están los aseos?	Today, we're going to have lunch early.
¿Qué sabores hay?	How much do I owe you?
Perdone, falta un tenedor aquí.	Excuse me, where are the toilets?
Hoy, vamos a almorzar temprano.	The food here is really delicious.
¿Pedimos la cuenta?	What flavours are there?
¿Cuánto le debo?	Excuse me, there's a fork missing here.
La comida aquí es muy rica.	Shall we ask for the bill?

[7]

Environment and Social Issues

1 Read the article that your friend Manolo has written about his town.

> Mi ciudad está en el suroeste de España y hay más de noventa mil habitantes. Me encanta porque está cerca de la costa, a dos kilómetros de la playa. En la ciudad hay mucho que hacer, por ejemplo se puede visitar museos, iglesias y la plaza antigua en el centro. También hay muchas tiendas y lo bueno es que hay varios lugares de ocio para los jóvenes, como la bolera. Lo único es que no tenemos muchos espacios verdes y tampoco hay polideportivo. Por la noche se puede comer en los restaurantes típicos o ir de copas a los bares en el centro.
>
> Diría que las ventajas de vivir aquí son que siempre hay mucho que hacer y nunca se aburre. Al otro lado, las desventajas son que puede ser muy concurrido en el verano a causa de todos los turistas.
>
> Actualmente no hay estación de trenes pero van a construir una el año próximo.

Now read the sentences below and choose the four sentences that are correct.

Write the letters in the boxes below.

A	There are nine thousand inhabitants in Manolo's town.
B	He lives on the coast.
C	There are lots of things for young people to do.
D	There aren't many parks.
E	There is a sports centre in the town.
F	You can go out to eat and drink in the evening.
G	It can be boring in the town.
H	It can get very busy because of the tourists.

☐　　　☐　　　☐　　　☐　　　　　　[4]

2 Translate the following text into **Spanish.**

> I live in a small town in the country. I like it a lot because it is pretty. We have a church and some shops. Also, there is a park where I like to play football with my friends. In the future I would like to live in the mountains.

....

....

....

....

....　　　[9]

Environment and Social Issues

3 Match the issues **A, B, C, D, E** and **F** to the newspaper headlines **1–6**.

1 **¡Qué pesadilla! La nueva reina de rock admite tener problemas con la comida y el peso...**

2 **LAS CIFRAS DE DESEMPLEO AUMENTAN OTRA VEZ A 5%.**

3 *¡Qué disgusto! Empresa mundial no quiere mujeres: ¡Los hombres son los mejores!*

4 **Otra amenaza de bomba en nuestra capital.**

5 **¡La igualdad es mi derecho! Hombre marginalizado por su color...**

6 *Cada vez más países se nuclearizan. ¿Por el bien o por el mal?*

A Racism

B Sexism

C Nuclear war

D Anorexia/Bulimia

E Unemployment

F Terrorism

[6]

4 Read Magdalena's account below and then answer the questions that follow.

Magdalena nos habla de estar en forma: en mi opinión es muy importante mantenerte en forma para evitar el cansancio, la depresión y el estrés. Yo trato de comer una dieta equilibrada, realmente como un poco de todo menos el pescado que no me gusta. Practico el deporte cuatro veces a la semana, juego al hockey en el colegio y hago la natación en el polideportivo.

Estoy en contra de las drogas porque hay muchos riesgos para la salud, aunque tengo unos amigos que las toman el fin de semana. Creo que les hace sentirse mayores. En el futuro no voy a beber alcohol porque puede causar la enfermedad.

a) According to Magdalena, what three things can keeping fit help to avoid?

_____

_____ [3]

b) What does Magdalena eat to maintain a healthy diet?

_____ [1]

c) What does she do at the sports centre? _____ [1]

d) Why is she against taking drugs?

_____ [1]

e) According to Magdalena, why do her friends take them?

_____ [1]

5 You read an article about alcohol.

Choose the correct summary for each person and write the correct letter in the box.

1   **En mi clase, la mayoría de los chicos beben alcohol y nos divertimos mucho cuando salimos juntos. No veo ningún problema.** ☐

2   **Empecé a beber un poco con mis amigos los fines de semana en la calle o en el parque.** ☐

3   **Conozco a gente que bebe porque los amigos lo hacen. Realmente no quieren hacerlo pero no quieren parecer aburridos.** ☐

A   Alcohol is dangerous for your health.

B   Drinking alcohol is no big deal.

C   My first drinking experiences.

D   Alcohol is fine in small quantities.

E   Peer pressure to drink.   [3]

6 **Lee las frases.**

¿Son positivas o negativas? Escribe P o N en las casillas.

a) **La deforestación es muy inquietante y es algo que nos afecta a todos.** ☐

b) **Vivo en un pueblo pintoresco donde no existe contaminación.** ☐

c) **En mi ciudad no hay problemas de basura ni de contaminación de los coches.** ☐

d) **En mi pueblo hay mucho paro que es problemático para toda la región.** ☐

e) **Si trabajamos juntos, podremos mejorar los problemas medioambientales.** ☐

f) **Mucha gente es muy egoísta y no intenta proteger el mundo.** ☐

g) **Hay una cantidad alarmante de gente sin techo en nuestras ciudades.** ☐

h) **Hay cada vez más voluntarios para ayudar a los necesitados.** ☐   [8]

7 Match the homes **A, B, C, D, E, F** and **G** with the people's requests **1–7**.

1   Señor and Señora Gutiérrez are looking for a house for themselves and their three children. It needs to have facilities close by.

2   Dolores works in the city and hates travelling to and from work every day.

3   Manuel and Irene want to live in the country with their dog.

4   Virginia and Nico want a house for themselves and their daughter near the sea.

5   María loves old buildings and is looking for somewhere to renovate.

6   The García family want a house where they can entertain family and friends.

7   Carlos is a painter and wants a house where he can work undisturbed by neighbours.

Environment and Social Issues

A   Una casa adosada en la costa a cinco minutos de la playa. ☐

B   Un chalé muy grande y moderno con diez habitaciones, un jardín grande
y una terraza enorme. ☐

C   Una casa bastante grande en un pueblo bonito cerca de un colegio, un parque
y unas tiendas. ☐

D   Un chalé pequeño en medio del campo. El pueblo más cercano está
a tres kilómetros. ☐

E   Piso moderno en el centro de la ciudad cerca de la zona comercial
y las tiendas. ☐

F   Una granja antigua. Hace falta mucho trabajo y modernización. ☐

G   Una casa adosada en el campo con un jardín enorme. ☐   [7]

8 Match descriptions **A, B, C, D, E** and **F** below with the correct images **1–6**.

A   Tenemos una cocina muy grande y moderna. ☐

B   Me gusta relajarme en el salón viendo la tele o escuchando música. ☐

C   Siempre comemos juntos en el comedor. ☐

D   Mi hermana pasa mucho tiempo en el cuarto de baño por la mañana. ☐

E   Prefiero hacer mis deberes en el estudio. ☐

F   Tengo un dormitorio muy acogedor con muebles bonitos. ☐   [7]

9 Translate the following sentences into Spanish using **usted**.

a) i) Excuse me, where is the post office, please?

.... [1]

ii) Go straight on and it's opposite the market.

.... [1]

b) i) How do I get to the museum, please?

.... [1]

ii) Take the first on the right and go straight on.

.... [1]

c) i) Excuse me, can you tell me where the main square is, please?

.... [1]

ii) Yes, cross the bridge and go straight on. It's on the left.

.... [1]

d) i) Is the police station far?

.... [1]

ii) No, it's five minutes on foot; go down the street and it's at the end, next to the cinema.

.... [1]

e) i) Can you help me, please? I can't find the market.

.... [1]

ii) Cross the river and go straight on. It's in the main square.

.... [1]

Travel and Tourism

1 Choose the correct word from the options given to complete the sentences about accommodation.
Write the correct letter in each box.

A	desayuno
B	niños
C	vistas
D	junio
E	persona
F	habitación
G	pensión
H	tiendas

a) Buenos días, quisiera reservar una ☐ doble, por favor.

b) Habitación número diez, señor, con ☐ al mar y baño.

c) ¿Cuánto es por noche por ☐?

d) ¿A qué hora se sirve el ☐?

e) ¿Hay sitio para dos ☐?

f) Quisiera quedarme aquí desde el tres hasta el diez de ☐.

g) Somos dos adultos y tres ☐.

h) Quisiera una habitación con media ☐, por favor.

[8]

2 Match the statements **A, B, C, D, E, F, G** and **H** to the correct destinations **1–8**.

1 España

2 Escocia

3 Francia

4 Italia

5 Estados Unidos

6 Alemania

7 País de Gales

8 Suiza

A Tengo muchas ganas de visitar Edimburgo, dicen que es precioso.

B Vamos a ir de compras a Nueva York, ¡qué ilusión!

C El año pasado fuimos a Berlín y visitamos todos los monumentos.

☐
☐
☐

D   Vamos a hacer senderismo en las montañas y visitar la capital, Bern. ☐

E   Quiero ver la catedral de Sevilla y comer paella. ☐

F   Fuimos al teatro en Cardiff y también subimos la montaña Snowdon. ☐

G   Me encanta la pizza y la pasta, y los monumentos históricos son preciosos. ☐

H   Quiero visitar la capital, subir la Torre Eiffel e ir de excursión por el río Sena. ☐   [8]

3 Read the following passage about Rosa's holiday. Then answer the questions that follow in English.

> En julio del año pasado pasé un mes con mi familia en la costa en nuestro apartamento. Me encanta estar allí porque puedo ver a mis amigos y paso todos los días en la playa con ellos. Por la mañana solemos bañarnos en el mar y a mí me gusta mucho practicar los deportes acuáticos. El año pasado fui un día con mi familia a un pueblo en la montaña y dimos una vuelta en bici, que me encantó. ¡Fue precioso! Luego saqué muchas fotos y compré unos recuerdos para mis abuelos. Por la noche volvimos a la costa y cenamos en un restaurante cerca del apartamento. ¡Fue un día perfecto!

a) How long did Rosa go on holiday for?

.... [1]

b) Where did she stay?

.... [1]

c) Why does she like going there?

.... [2]

d) What does she usually do in the morning?

.... [1]

e) Where did she go one day last year?

.... [1]

f) What did she do after the bike ride?

.... [2]

g) Where did they have dinner?

.... [1]

Travel and Tourism

4 Lees el pronóstico meteorológico mientras estás de vacaciones.

lunes	Las temperaturas van a mejorarse hoy pero no hará mucho calor todavía.
martes	Cielos despejados. En la mayoría del país hará viento pero también bastante calor.
miércoles	Por la mañana veremos muchas nubes que resultarán en lluvia fuerte por la tarde.
jueves	Un día perfecto de playa con temperaturas altas y cielos claros.
viernes	Un día muy tranquilo. No hará tanto sol pero hará una temperatura agradable.

Escoge el tiempo más adecuado para las siguientes situaciones.

Escribe el día más adecuado.

a) Necesitas un buen día para hacer surf, no muy frío y con aire. ....

b) Quieres pasar el día descansando y tomando el sol. ....

c) Quieres dar una vuelta por la sierra y no quieres que haga demasiado sol, pero tampoco quieres frío. .... [3]

5 Read the blog about Elena's holidays.

> El verano pasado fui de vacaciones a Italia con mi familia y mi mejor amigo. Viajamos en coche y el viaje duró tres días en total. Pasamos por el túnel de la Mancha y luego viajamos por Francia hasta los Alpes. Este año estamos pasándolo bien en España. El hotel tiene una piscina enorme y está muy cerca de la playa que es preciosa.
>
> En Italia nos quedamos en un camping bonito cerca de un lago enorme. Había buenas instalaciones y el paisaje era precioso. Me gustaría volver algún día para subir una montaña con mi padre. El mejor día fue cuando hicimos senderismo por el lago. Fue muy duro pero merecía la pena porque las vistas eran increíbles. Llevamos un picnic para el almuerzo y lo comimos al lado de una cascada.
>
> Cuando sea mayor, me gustaría ir a Australia con mi familia. Tenemos amigos allí y queremos visitarles. No he estado nunca y me parece que sería una buena experiencia conocer a partes diferentes del país.

Which stages do the following situations apply to?

Write **P** for something that happened in the **past**.

Write **N** for something that is happening **now**.

Write **F** for something that is going to happen in the **future**.

Write the correct letter in each box.

a) Holidaying in Spain ☐

b) Staying on a campsite ☐

c) Travelling through France ☐

d) Having a picnic ☐

e) Climbing a mountain ☐

f) Holidaying in Australia ☐ [6]

6 Match the descriptions **A, B, C, D, E** and **F** with the images **1–6**.

1    2    3

4    5    6

A   Tengo una reserva para cuatro días.

B   ¿Hay agua potable aquí?

C   ¿Hay sitio para una tienda para una noche?

D   Quisiera reservar una habitación doble, por favor.

E   ¿El desayuno está incluido?

F   ¡No hay agua caliente!

[6]

Studies and Employment

1 Read these opinions about school and say whether each one is **positive** or **negative**.

a) **Normalmente las clases son aburridas.** ....

b) **Para mí, los exámenes son fáciles y no me preocupan.** ....

c) **Recibimos un montón de deberes todos los días.** ....

d) **Siempre aprendo mucho porque los profesores explican bien.** ....

e) **Tengo muchos amigos en mi instituto.** ....

f) **Suelo sacar buenas notas.** ....

g) **Tenemos un uniforme muy bonito.** ....

h) **Estoy deseando dejar el colegio.** ....

[8]

2 Read the accounts below and then say whether the statements that follow are **true** or **false**.

Jesús: De momento estoy estudiando mucho porque quiero ir a la universidad y entonces tengo que sacar buenas notas en mis exámenes. Voy bastante bien en todas mis clases. La única asignatura que encuentro un poco difícil es la historia pero me gusta y el profesor es muy bueno.

Inma: Mi asignatura preferida es la historia porque es fascinante. Lo que no me gusta mucho es la física, es muy complicada y siempre saco malas notas. Quiero trabajar en un banco en el futuro entonces tengo que trabajar muchísimo en la clase de matemáticas. No aguanto el inglés.

a) Jesús wants to go to university. ....

b) Both Jesús and Inma like history. ....

c) Jesús is not doing well at school. ....

d) Inma gets good marks in physics. ....

e) Inma loves English. ....

f) Jesús doesn't think his history teacher is very good. ....

[6]

3 Read about Ramón's school routine.

Which stages do the following situations apply to?

> Me levanto sobre las siete y me arreglo para ir al colegio. Desayuno y salgo de casa a las ocho y cuarto. Voy al colegio en autobús con mis amigos o en el verano voy andando. Hace dos días me levanté tarde y no llegué al colegio hasta las nueve.
>
> Paso el recreo en el patio jugando al fútbol con mis amigos. Luego como en el comedor y por la tarde tenemos dos clases. A mí me gusta el miércoles porque tenemos dos clases de dibujo por la tarde y ¡me encanta! Este miércoles, vamos a pintar un cuadro.
>
> Ayer estudié las matemáticas y luego tuve un examen de español que fue bastante difícil. Mañana vamos a ver una obra de teatro durante la clase de inglés que será divertido. Luego por la tarde, después del colegio, voy a practicar el boxeo.

Write **P** for something that happened in the **past**.

Write **N** for something that happens in the present/**now**.

Write **F** for something that is going to happen in the **future**.

Write the correct letter in each box.

a) Getting up at seven o'clock.

b) Arriving at school at nine o'clock

c) Eating in the dining room

d) Painting a picture

e) Doing a Spanish exam

f) Going boxing

[6]

4 Read Inma's thoughts about her future plans and complete the text using words from the list.

Write the correct letter in the boxes.

Cuando sea mayor, creo que quiero ser contable ya que me ☐ las matemáticas. Al terminar mis exámenes, voy a ir al colegio para ☐ con mis estudios. Después, espero ☐ a la universidad para estudiar las matemáticas y mientras ☐, quiero buscar un trabajo a tiempo parcial, preferiblemente en un banco, para ☐ un poco de dinero y experiencia también.

A	iré
B	estudio
C	estudiar
D	encantan
E	ganar
F	continuar
G	dinero
H	ir
I	gastar

[5]

5 Translate the following sentences into Spanish.

a) I like maths. _____ [1]

b) I don't like ICT. _____ [1]

c) I'm interested in science. _____ [1]

d) I don't like homework at all. _____ [1]

e) Science is more difficult than maths. _____

_____ [1]

f) Spanish is as easy as French. _____

_____ [1]

g) My RE teacher is the best teacher in the school. _____

_____ [1]

6 Lee lo que dicen estos estudiantes sobre el colegio.

¿Cómo son las opiniones?

Elena	Paco	Miguel

Estudio muchas asignaturas que me interesan como las ciencias y la informática. El año pasado estudiaba la geografía y al final la dejé porque no se me daba muy bien.	Suelo sacar buenas notas en mis clases, sobre todo en la clase de inglés, que me resulta bastante interesante y fácil.	Este año estoy estudiando la tecnología que es práctica y también la informática, que es útil para mí. Lo que pasa es que siempre hay muchos deberes y los odio.

Escribe   P   (Positivo)

               N   (Negativo)

               P+N   (Positivo + Negativo)

Escribe la letra en la casilla correcta.

a) Elena

b) Paco

c) Miguel   [3]

7 Read Manolita's email about school pressures.

Choose the four correct statements.

> Hola, ¿qué tal? Aquí todo va bien menos en el colegio. Estoy muy estresada de momento a causa de la cantidad de deberes que tengo. Estamos haciendo exámenes de momento y ¡no quiero hacerlos! Hace falta repasar tanto y luego hay mucha presión pensando en lo que quiero hacer en el futuro porque la verdad es que no tengo mucha idea. ¿Y tú – qué quieres hacer? Yo he estado pensando en hacer algo útil como ser enfermera o profesora, pero hay que estudiar mucho y no sé si ir a la universidad o no. Mis padres dicen que es mi decisión si voy o si busco un trabajo. Ellos no fueron a la universidad, entonces no entienden el proceso muy bien. ¡Estoy muy confundida!

A	Manolita is enjoying school.
B	She is going to do exams soon.
C	She needs to revise a lot.
D	Manolita doesn't know what she wants to do in the future.
E	The stress is making her ill.
F	She is wondering whether to become a teacher.
G	Her parents want her to look for a job.
H	Her parents didn't go to university.

Write the correct letters in the boxes.

☐ ☐ ☐ ☐   [4]

Grammar 1

1 Read the list of nouns and say whether each one is **Masculine** or **Feminine** and also **Singular** or **Plural**. Write **M** or **F** in the first box, followed by **S** or **P** in the second box.

a) bolígrafo ☐ ☐

b) mermelada ☐ ☐

c) árboles ☐ ☐

d) mano ☐ ☐

e) padres ☐ ☐

f) catedrales ☐ ☐

g) regiones ☐ ☐

h) ciudad ☐ ☐

i) problemas ☐ ☐

j) fotos ☐ ☐

[10]

2 Complete the description about Jorge's family choosing the correct adjective from the list below. Write the correct letter in the boxes.

En mi familia somos seis personas. Mi madre se llama Beatriz y es muy ☐ y amable. Diría que me parezco mucho a mi padre porque él tiene el pelo y los ojos muy ☐ y yo también soy ☐.
Mis hermanas son bastante ☐ físicamente y a veces pueden ser ☐.

A	rubio
B	molestas
C	simpático
D	claros
E	ruidosos
F	graciosa
G	parecidas
H	antipáticos
J	grosero

[5]

3 Translate the following sentences into English.

a) **No te dije la verdad.** ....

b) **Dame el dinero.** ....

c) **Nunca nos habla.** ....

d) La vi ayer en el colegio. ....

e) María le dijo 'hola'. ....

f) Dale el helado a ella. ....

g) Pregúntaselo a él. .... [7]

4 Choose the most appropriate adverb from the list below to complete the sentences.

Write the correct answer in the space provided.

a) Mi madre dice que hablo .... pero no lo creo. Hablo lentamente en mi opinión.

b) Yo he visto esa película ....

c) ¡Ay! Me duele el estómago. Creo que he comido ....

d) Sí yo conozco muy .... a Manuel. Somos buenos amigos.

e) Lo siento ....

f) ¡Mamá, estoy ....!

| generosamente |
| aquí |
| muchas veces |
| allí |
| bien |
| poco |
| deprisa |
| sinceramente |
| demasiado |

[6]

5 Choose either **por** or **para** to complete these sentences and write in the answer space provided.

a) .... mí, es muy bonito.

b) Mañana tenemos que pasar .... casa de tu tía .... darle el regalo.

c) Yo siempre hago mis deberes .... la tarde al llegar del instituto.

d) No te preocupes, yo lo haré .... ti esta vez, como no tienes mucho tiempo.

e) El sábado voy al centro .... comprar unas botas.

f) Tengo que terminar esto .... mañana.

g) El bocadillo de jamón es _____ tu padre.

h) ¿Cuándo vamos a ir? ¿_____ la noche?   [9]

6 Choose the most appropriate interrogative from the list below to complete the sentences.

Write the correct answer in the space provided.

| cuántas |
| adónde |
| cuándo |
| cuál |
| quién |
| por qué |
| dónde |
| cómo |

[8]

a) ¿_____ vamos mañana – al pueblo o a la playa?

b) ¿_____ piensas eso?

c) ¿_____ es tu hermana María, es muy alta?

d) ¿_____ es aquel chico al lado de tu hermano?

e) ¿_____ vamos a ir al cine – el jueves?

f) ¿_____ galletas quieres?

g) ¿_____ quieres, el verde o el azul?

h) ¿_____ te gustaría vivir en el futuro?

Grammar 2

1 Choose the correct verb from the options given to complete the sentences.

comparto   madrugar   me ducho   está   lavo   enciendo   limpiar

a) _____ en el cuarto de baño todos los días.

b) _____ los platos para mi madre.

c) _____ la luz para leer el libro de cocina.

d) Voy a _____ el cuarto de baño esta tarde.

e) Yo _____ mi dormitorio con mi hermano.

f) Tengo que _____ los días de colegio.

g) <<¿Dónde _____ el sacacorchos? Tengo una botella de vino.>>   [7]

2 Draw lines between the boxes to match the radical changing verbs with the English meaning.

Me despierto	He/She wakes up
Pensamos	I think
Quieren	It begins
Te diviertes	I want
Pienso	I wake up
Cierras	It closes
Se despierta	We think
Quiero	You amuse / enjoy yourself
Empieza	You close
Cierra	They want

[10]

3 Translate the following sentences into Spanish.

a) They follow the instructions. _____

b) He always laughs a lot. _____

c) We repeat the verbs every day. _____

d) I get dressed at seven o'clock. _____

e) She always asks for the bill in Spanish. _____

f) It sometimes snows in January. _____   [6]

Grammar 2

4 Choose the most appropriate negative to complete the following description about Eva's free time. Write the correct letter in the boxes.

> Yo ☐ hago deporte en mi tiempo libre porque ☐ me gusta nada. Prefiero ver películas y me encantan las comedias. Sin embargo ☐ veo películas de terror porque me dan miedo y ☐ me gustan las películas románticas. No he visto ☐.

A	jamás
B	ninguna
C	tampoco
D	nunca
E	nadie
F	no
G	nada

5 Translate the following sentences into Spanish using the present continuous tense.

a) I am reading a book.

_____

b) What are you doing?

_____

c) Julio is swimming in the pool.

_____

d) María and Nico are talking on the telephone.

_____

e) Where are you spending your holidays? (**tú**)

_____

f) What is he eating?

_____ [6]

6 Read the following sentences and complete each one with the correct part of either **ser** or **estar**.

a) Mi madre _____ **muy simpática.**

b) Esos chicos _____ **mis hermanos.**

c) ¿Dónde _____ **el banco, por favor?**

d) Mi tío _____ **trabajando en el colegio porque** _____ **profesor.**

e) ¡Qué bien! _____ **muy contento ahora.** [6]

Grammar 3

1 **a)** Which of the following verbs is in the preterite tense? Tick the correct option.

   A Decidí ☐   **B** Decido ☐   **C** Decidiré ☐

   b) Which of the following verbs is in the imperfect tense? Tick the correct option.

   A Esperé ☐   **B** Espero ☐   **C** Esperaba ☐

   c) Which of the following verbs is in the pluperfect tense? Tick the correct option.

   A Empecé ☐   **B** Empezábamos ☐   **C** Había empezado ☐

   d) Which of the following verbs is in the future tense? Tick the correct option.

   A Terminaré ☐   **B** Termino ☐   **C** Terminé ☐

   e) Which of the following verbs is in the conditional tense? Tick the correct option.

   A Preferiré ☐   **B** Prefería ☐   **C** Preferiría ☐

   f) Which of the following verbs is in the subjunctive mood? Tick the correct option.

   A Tengo ☐   **B** Tendré ☐   **C** Tenga ☐   [6]

2 Draw lines between the boxes to link the sentence parts and create full sentences in the perfect tense.

Está mañana he…	…descubierto en el Amazonas?
Mi amiga francesa me ha …	…vuelto nunca al restaurante.
No encuentro mi móvil. ¿Mamá has…	…visto mi teléfono?
¿Sabes lo que han…	…hablado con mi madre y está de acuerdo conmigo.
¡Ay, qué lástima! Las nubes han…	…cubierto las montañas y ahora no podemos ver nada.
¿Nosotros? No, no hemos…	… escrito una carta para describirme su pueblo.

[6]

3 Complete the following sentences with the correct form of the verb. Tick the correct option.

   a) Guillermo _____ el accidente, entonces habló con la policía.

   A vio ☐   **B** ver ☐   **C** ve ☐

   b) Mi hermano tuvo un accidente con su moto y _____ el tobillo.

   A se rompió ☐   **B** se rompe ☐   **C** roto ☐

   c) El fin de semana que viene _____ al cine con mis amigos.

   A iba ☐   **B** iré ☐   **C** fui ☐

   d) Mis amigos _____ un incendio esta mañana.

   A vi ☐   **B** ven ☐   **C** vieron ☐

   e) El coche iba muy rápido y después _____ con el camión.

   A chocar ☐   **B** chocó ☐   **C** choca ☐

f) ¿Yo _____ usar tu coche mamá? El mío tiene un pinchazo.

    A podrías ☐   B podréis ☐   C podría ☐

g) Si pudiera elegir, _____ en Estados Unidos en el futuro.

    A viviría ☐   B vivo ☐   C viviré ☐   [7]

4 Translate the following sentences into Spanish using the imperfect tense.

a) I used to speak German well. _____

b) My brother used to go to the park at weekends. _____

c) My parents always went to France. _____

d) I used to go out a lot. _____ [4]

5 a) Which of the following is the correct past participle of **comer**? Tick the correct option.

    A comado ☐   B comido ☐   C comer ☐

b) What is the correct form of **haber** for the following sentence? Tick the correct option.

    Mis amigas .... leído el libro.

    A ha ☐   B he ☐   C han ☐

c) Which of the following is the correct past participle of **romper**? Tick the correct option.

    A romper ☐   B rompido ☐   C roto ☐

d) What is the correct form of **haber** for the following sentence? Tick the correct option.

    ¿Qué....hecho vosotros?

    A habéis ☐   B has ☐   C han ☐

e) Which of the following verb forms completes this sentence? Tick the correct option.

    Acabo de .... a Raúl en el cine.

    A visto ☐   B ver ☐   C vi ☐   [5]

6 Translate the following sentences into Spanish to practise the imperative. Use **usted**.

a) Take the first on the right and go straight on. _____

b) Cross the square and go down the street. _____

c) Go up the street and take the third on the right. _____

d) Cross the bridge and turn left. _____ [4]

Collins

GCSE
Spanish

H

Higher Tier Paper 1 Listening

Time allowed: 45 minutes

(including 5 minutes' reading time before the test)

Instructions

- Download the audio material to use with this test from **www.collins.co.uk/collinsGCSErevision**
- Use black ink or black ball-point pen.

Instructions

- The marks for questions are shown in brackets.
- The maximum mark for this paper is 50.
- You must **not** use a dictionary.

Advice

For each item, you should do the following:

- Carefully listen to the recording. Read the questions again.
- Listen again to the recording. Then answer the questions.
- You may write at any point during the test.
- In Section A, answer the questions in English. In Section B, answer the questions in Spanish.
- Answer all questions in the spaces provided.
- Write down all the information you are asked to give.
- You have 5 minutes to read through the question paper before the test begins. You may make notes during this time.

Name: _____

Section A Questions and answers in English

Opinions about people's houses

Listen to your Spanish friends, Nico and Laura, talking about their houses.

What is their opinion of the following aspects?

Write **P** for a **positive** opinion.

N for a **negative** opinion.

P+N for a **positive** and **negative** opinion.

| 0 | 1 | Nico

His house ☐ His bedroom ☐

[2 marks]

| 0 | 2 | Laura

Bedroom space ☐ The colour ☐

[2 marks]

Shopping in a department store

A	Perfumery
B	Men's Fashion
C	Music
D	Travel
E	Sports Clothes and Equipment
F	Food
G	Children's Section
H	Women's Fashion

You are listening to advertisements in a Spanish department store.

Match the correct advert to each of the departments above.

For each advert, write the correct letter in the box.

0 3 [ ]

[1 mark]

0 4 [ ]

[1 mark]

0 5 [ ]

[1 mark]

0 6 [ ]

[1 mark]

0 7 [ ]

[1 mark]

0 8 [ ]

[1 mark]

Relationships

Your new Spanish friend Juanita tells you about the relationships within her family.

What does Juanita say?

Answer both parts of the question in English.

0 9 . 1 How does Juanita generally get on with her brother?

....

[1 mark]

0 9 . 2 Why does Juanita say that she gets on well with her sister? Give two details.

....

....

[2 marks]

0 9 . 3 Why does Juanita say that she is lucky?

....

[1 mark]

0 9 . 4 Who does Juanita say is the strictest in her family?

....

[1 mark]

A public announcement

While in a shopping centre in Spain, you hear the following announcement.

Answer the question in **English.**

1 0 What is going to happen in 30 minutes' time?

....

[1 mark]

A radio programme about health and fitness in Argentina

On the Internet, you hear a report about health and fitness issues in South America, in particular, in Argentina.

Answer the questions in **English**.

| 1 | 1 | What do 64% of young Argentinians say?

....

[1 mark]

| 1 | 2 | What percentage of young people say that they regularly eat junk food?

....

[1 mark]

| 1 | 3 | What do 75% admit to?

....

[1 mark]

| 1 | 4 |·| 1 | What is happening to the number of young people that smoke?

....

[1 mark]

| 1 | 4 |·| 2 | What does the increasing figure of 58% refer to?

....

[1 mark]

Easter Celebrations

Your friend explains to your Spanish teacher about his Easter celebrations.

1 5 Which two things from the list below refer to your friend?

A	He receives lots of Easter eggs.
B	Last year he went to the Dominican Republic for Easter.
C	He goes to church at Easter.
D	He thought the Easter processions were boring.
E	He loves chocolate.

Write the correct letters in the boxes.

[2 marks]

Charitable work

Your Spanish friend is interviewed about her job in a charity shop.

Answer the questions in **English**.

1 6   What does she have to do in the shop? Give two details.

_____

_____

[2 marks]

1 7 · **1** Why does she say that she likes her job?

_____

[1 mark]

1 7 · **2** What does she want to do next year?

_____

[1 mark]

School Pressures

You hear part of a radio documentary about modern day pressures at school.

Answer the question in **English**.

1 8   What does the student say causes the most stress?

_____

[1 mark]

Practice Exam Paper 1: Listening

Shopping

Your Spanish friend Magdalena tells you her thoughts on going shopping.

Which three things from the list below are true?

A	Magdalena thinks the shops in her town are expensive.
B	She likes to go shopping with her friends.
C	She prefers to go with her family.
D	Magdalena bought a birthday present.
E	Her sister is having a party.
F	Her friend bought a jacket.

1 9 Write the correct letters in the boxes.

[3 marks]

Answer the question in **English**.

2 0 Although she prefers designer clothes, where does Magdalena also buy clothes?

Give two details.

....

....

[2 marks]

The shopping centre…

A	is close to the town.
B	has a lot of shops.
C	has just opened.

2 1 Write the correct letter in the box.

[1 mark]

Poverty

Listen to these two friends discussing a programme that they have seen about poverty.

Answer the questions in **English**.

`2 2` · `1` Why did María feel bad after watching the programme?

_____

[1 mark]

`2 2` · `2` What does Juan suggest that they can do to help the situation?

_____

[1 mark]

`2 2` · `3` Name two things that Juan suggests they could send to help the poor in Africa.

_____

_____

[2 marks]

What does María say that she already does on a weekly basis?

A	Works with a community group selling things for charity
B	Helps to complete useful tasks around her local community
C	Sends money to charity

`2 2` · `4` Write the correct letter in the box.

[1 mark]

Future Plans

You listen to Andrés and Carmen discussing what they are going to do when they leave school.

What does Carmen think about her dream of becoming a vet?

A	It will be too difficult to achieve.
B	She is going to try very hard to achieve it, despite it being difficult.
C	It is too much studying and she will be too tired.

2 3 . 1 Write the correct letter in the box.

[1 mark]

Answer the question in **English.**

2 3 . 2 Apart from the money, why does Andrés want to have his own plumbing business?

[1 mark]

Section B Questions and answers in Spanish

Los móviles

Tus amigos Jorge y Olivia hablan de sus móviles.

¿Qué piensan ellos de los móviles y qué piensan sus padres?

2 4 Completa la tabla en español.

Jorge	Sus padres
es necesario es conveniente	

[2 marks]

2 5 Completa la tabla en español.

Sus padres	Olivia
La distrae mucho de los deberes	

[1 mark]

Practice Exam Paper 1: Listening

Las vacaciones

Tu amigo Javi está planeando sus vacaciones del año que viene con su novia.

Escuchas su conversación.

¿Qué le gustaría hacer Javi durante las vacaciones? Selecciona las dos respuestas correctas.

A	Deportes de invierno
B	Hacer submarinismo
C	Nadar
D	Salir en barco
E	Practicar el esquí acuático

2 6   Escribe las dos letras correctas en las casillas.   ☐ ☐

[2 marks]

2 7 · 1 ¿Qué quiere hacer su novia?

_____

_____

[1 mark]

2 7 · 2 ¿Qué piensa Javi que deben hacer?

_____

_____

[1 mark]

Problemas en la capital

Escuchas un informe sobre problemas en la ciudad.

¿Cuál es el mayor problema según el estudio?

A	Delitos menores como escribir en lugares públicos o hacer mucho ruido
B	Crímenes de dinero
C	Problemas medioambientales

2 8 · 1 Escribe la letra correcta en la casilla.

[1 mark]

2 8 · 2 ¿Qué ha pasado para formar esta opinión?

....

....

[1 mark]

END OF QUESTIONS

Collins

GCSE
Spanish

H

Higher Tier Paper 2 Speaking

Candidate's material – Photo card

Candidate's material – Role play

Time allowed: 10-12 minutes

(+ 12 minutes' preparation time)

Instructions

- During the preparation time you must prepare the photo card and role play cards given to you.
- You may make notes during the preparation time.
- You must ask one question during the General Conversation.

Information

- The photo card test will last approximately 3 minutes. The role play test will last approximately 2 minutes. The General Conversation will last between 5 and 7 minutes.
- You must **not** use a dictionary, either in the test or during the preparation time.

Name:

Photo card

- Look at the photo.

- Prepare your spoken answers to the questions below.

- Then think of other questions you might be asked on the topic of 'Me, My Family and Friends' and prepare answers to those, too.

- ¿Qué hay en la foto ?

- En tu opinión, ¿cómo debe ser un buen amigo / una buena amiga? ¿Por qué ?

- ¿Qué hiciste con tus amigos la semana pasada?

Practice Exam Paper 2: Speaking

You will be asked two further questions, on the same topic.

Other questions you might be asked are:

- **Describe a tu mejor amigo / mejor amiga.**

- **¿Os lleváis bien siempre ? ¿Por qué ? ¿Por qué no?**

- **¿Qué os gusta hacer juntos?**

- **¿Qué vas a hacer con tus amigos mañana?**

- **¿Dónde se puede encontrar nuevos amigos?**

- **¿Prefieres pasar tiempo con tu familia o con tus amigos?**

- **¿Por qué son importantes para ti los amigos?**

Prepare your answers to these questions, too.

Role Play

Prepare your spoken answers to this role play.

Instructions to candidates

Your teacher will play the part of your Spanish friend and will speak first.

You should address your friend as 'tú'.

When you see this – ! – you will have to respond to something you have not prepared.

When you see this – ? – you will have to ask a question.

Estás hablando con tu amigo español / tu amiga española sobre las vacaciones.

- Tus vacaciones el año pasado – **(dos detalles)**
- !
- Actividades durante las vacaciones – **(dos detalles)**
- Planes para tus próximas vacaciones
- ? Tipo de vacaciones

Practice Exam Paper 2: Speaking

General Conversation

Sample Questions:

Theme 1: Identity and Culture

1) ¿Con quién te llevas mejor en tu familia y por qué?

2) ¿Te gustaría casarte en el futuro? ¿Por qué (no)?

3) Háblame de una fiesta que sueles celebrar con tu familia / tus amigos.

4) ¿Te gustaría hacer un deporte de riesgo?

5) ¿Para qué sueles usar el Internet?

Theme 2: Local, National, International and Global Areas of Interest

1) ¿Cómo sería tu casa ideal?

2) ¿Qué es lo bueno de tu región?

3) ¿Cuáles son los beneficios de practicar el deporte?

4) ¿Por qué beben algunos jóvenes demasiado alcohol?

5) En tu opinión, ¿cuáles son los problemas más serios en nuestra sociedad?

Theme 3: Current and Future Studies and Employment

1) ¿Opinas que el acoso escolar es un problema muy corriente en tu instituto?

2) ¿Preferirías ir a la universidad o conseguir un trabajo? ¿Por qué?

3) Para ti, ¿qué es lo más importante de un trabajo?

4) ¿Crees que los jóvenes deben trabajar a tiempo parcial mientras estudian?

5) ¿Te gustaría trabajar al extranjero? ¿Por qué (no)?

END OF QUESTIONS

Collins

GCSE
Spanish
Higher Tier Paper 3 Reading

H

Time allowed: 1 hour

Instructions

- Use black ink or black ball-point pen.
- Answer **all** questions.
- You must answer the questions in the spaces provided.
- In **Section A**, answer the questions in **English**. In **Section B**, answer the questions in **Spanish**. In **Section C**, translate the passage into **English**.

Information

- The marks for questions are shown in brackets.
- The maximum mark for this paper is 60.
- You must **not** use a dictionary.

Name: ....

Practice Exam Paper 3: Reading

Section A Questions and answers in English

Holidays

Ramón writes about his holidays in France. Read what he says.

> El año pasado fuimos de vacaciones cerca de las montañas pero lejos de la costa en Francia. Nos quedamos en un camping grande con una piscina muy buena. Había mucho que hacer para los jóvenes como pistas de tenis y de baloncesto, una sala de juegos con una televisión y el camping estaba muy cerca del pueblo donde se podía ir al parque, ir de compras y comer en restaurantes típicos.
>
> Hacía sol y bastante calor y a mi madre le gustaba tomar el sol todos los días, mientras mi hermano y yo jugábamos en la piscina o al tenis.
>
> *Ramón*

Complete the sentences.

Write the correct letter in the box.

0 1 · 1 Ramón stayed on a camp-site…

A	on the coast.
B	near the mountains.
C	in a town.

[1 mark]

0 1 · 2 For young people…

A	there was only a park.
B	there wasn't much to do.
C	there was lots to do.

[1 mark]

0 1 · 3 Ramón's mother…

A	played tennis with Ramón's brother.
B	liked to sunbathe.
C	swam in the pool.

[1 mark]

School Life

Read María's blog about school life:

Realmente, no me gusta mucho el colegio. No me gustan muchos de los profesores porque son bastante antipáticos y no explican bien. Sin embargo, me cae bien a mi profesora de francés porque aunque es estricta, me ayuda mucho. También, creo que los exámenes causan mucho estrés porque hay que trabajar muchísimo y nunca tengo tiempo libre.

Para mí, lo que menos me gusta de mi cole es un grupo de estudiantes que intenta intimidar a otros estudiantes. Pero supongo que el problema del acoso escolar existe en todos los institutos hasta cierto punto y por lo menos los profesores intentan resolverlo.

Tenemos que llevar uniforme, que es muy feo – pantalones marrones y un jersey marrón con camisa blanca, pero por lo menos todos los estudiantes se visten de la misma manera. A mi parecer, esto es mejor porque es más elegante y así todos parecen iguales.

En cuanto a mis amigos – tengo muchos y normalmente charlo con ellos durante el recreo. Es la única oportunidad de estar con ellos que tengo porque por la noche estoy muy ocupada con el trabajo del cole. ¡Qué aburrido!

0 2 · 1 Now read the sentences below and choose the four sentences that are correct.

Write the letters in the boxes below.

A	María doesn't like any of her teachers.
B	Her French teacher helps her.
C	The teachers don't do anything about the bullying problem.
D	She thinks bullying is a problem in all schools.
E	María thinks it's good to have a uniform.
F	She likes her uniform.
G	She has a job in the evenings.
H	María spends time with her friends at breaktime.

[4 marks]

Alcohol

Read the interview about alcohol and write the correct name in the space provided.

Emilio: Mis amigos y yo nos emborrachamos por la calle porque los bares son caros. Me encanta estar con mis amigos y pasarlo bien y el alcohol nos ayuda a hacerlo. No molestamos a nadie.

Rosa: Nosotros salimos de copas una vez a la semana pero como las bebidas en los bares son muy caras, no solemos beber mucho. Sin embargo, me encanta el ambiente en los bares.

Carolina: Yo no bebo alcohol y a veces cuando salgo con mis amigas y ellas se emborrachan, me siento un poco aislada. Me molesta un poco pero no voy a empezar a beber porque no me gusta el sabor.

Jesús: Yo sé que el alcohol puede ser muy perjudicial para la salud y por eso no bebo con mis amigos. Si celebramos un cumpleaños en casa, pues a veces tomo una copa de vino pero nada más.

0 3 · 1 Who feels a little uncomfortable when friends are drinking alcohol?

....

[1 mark]

0 3 · 2 Who prefers going out to the bars?

....

[1 mark]

0 3 · 3 Who feels that alcohol helps them to have a good time?

....

[1 mark]

0 3 · 4 Who sometimes has a glass of wine?

....

[1 mark]

Local Area

0 4 · 1 Read the blog about Sergio's town and complete the text using words from the list.

Write the correct letter in the boxes.

Hola. Vivo en un barrio tranquilo en las afueras de una ciudad. Para mí lo ☐ es que no estoy muy lejos del centro de la ciudad y por eso, los sábados suelo ir de compras con mis amigos o vamos al cine o a la bolera. En el pasado no ☐ mucho que hacer para los jóvenes pero ahora se puede ☐ muchas cosas divertidas. En cuanto a los turistas, lo interesante es el castillo histórico al lado del río. Diría que la catedral también ☐ la pena visitar porque es preciosa.

A	suele
B	había
C	visitar
D	era
E	mejor
F	merece
G	peor
H	hacer
J	valer

[4 marks]

Practice Exam Paper 3: Reading

Social Issues

You read this newspaper article about social issues.

Answer the questions in **English**.

> En una investigación realizada en las calles de la capital, preguntamos al público sobre los asuntos sociales que más le preocupan. Un enorme 32% dijo que el desempleo es la cosa más preocupante de nuestra sociedad con un 19% preocupándose por la inmigración. Unos dijeron que ésta también afecta al paro.
>
> Una sorpresa es que el 15% del público cree que hay que hacer más para mejorar el problema de la delincuencia que existe en nuestras comunidades, 5% más que el año pasado.
>
> También, 9% de los madrileños piensa que el sexismo en el trabajo es todavía un problema, <<¡los jefes son siempre hombres!>> dijo una señora, mientras un 12% se inquieta por asuntos medioambientales. Y finalmente, 8% de personas cree que el terrorismo es algo que tenemos que vencer.

0 5 · 1 What is the most worrying issue for the people of Madrid?

_____

[1 mark]

0 5 · 2 How has the percentage changed, regarding the problem of delinquency, since last year?

_____

[1 mark]

0 5 · 3 What percentage of people is worried about the environment?

_____

[1 mark]

0 5 · 4 What do people worry about least in Madrid?

_____

[1 mark]

Social Media

You do some research about social media and read this interview with a student in the school magazine.

 **Hola, soy Paco. Uso la informática cada vez más en el colegio en mis clases y para hacer los deberes, etc. Sin embargo, lo que más me gusta es usar las redes sociales para una gama de cosas, tales como comunicarme con amigos, estar al día con lo que pasa en mi pueblo y en el mundo, buscar trabajo, colgar fotos y mucho más.**

Mis padres no entienden por qué paso tanto tiempo usando sitios de web como Facebook y Twitter. Supongo que es porque, cuando eran jóvenes, mis padres nunca usaban los ordenadores para hacer las cosas que hago yo. En el cole escribían todo en los cuadernos y nadie tenía ordenadores en casa. Dicen que les preocupa mucho porque muchos jóvenes no salen nunca de su casa para quedarse con sus amigos, porque se comunican por el ordenador. Piensan que esto va a causar problemas sociales dentro de los próximos años.

Which stages do the following situations apply to?

Write **P** for something that happened in the **past**.

Write **N** for something that is happening **now**.

Write **F** for something that is going to happen in the **future**.

Write the correct letter in each box.

| 0 6 · 1 | Being up-to-date | |

[1 mark]

| 0 6 · 2 | Using exercise books | |

[1 mark]

| 0 6 · 3 | Staying at home | |

[1 mark]

| 0 6 · 4 | Social problems | |

[1 mark]

Lifestyle

Read the account of a singer's daily life and answer the questions.

Me llamo Virginia y soy cantante desde hace tres años. Ahora soy muy famosa y mi vida es muy diferente que antes.

Por la mañana suelo levantarme bastante temprano, sobre las seis y media, y paseo al perro por la playa. Antes de ser cantante profesional, podía despertarme a la hora que quería. ¡Cómo han cambiado las cosas! Después de desayunar, tengo que ensayar con mi grupo y por la tarde tenemos que hacer entrevistas y practicar más. Por la noche, hago una clase de aerobic.

El fin de semana me gusta charlar con mis padres un rato. Diría que me han influido mucho durante mi vida porque siempre me han escuchado y siempre he podido hablarles de cualquier cosa. Creo que es muy importante tener a alguien con quien puedes hablar de tus esperanzas y tus preocupaciones.

Answer the questions in **English**.

0 7 · 1 For how long has Virginia been a singer?

....

[1 mark]

0 7 · 2 Before becoming a famous singer, what time did Virginia used to get up?

....

[1 mark]

0 7 · 3 How many times a day does she practise her music?

....

[1 mark]

0 7 · 4 In which two ways have her parents helped influence her in the past?

....

....

[2 marks]

0 7 · 5 Which two things does Virginia think it is important to talk to someone about?

....

....

[2 marks]

Relationships

Read the article about relationships within the family.

¿Problemas familiares?

¿Te llevas mal con tus padres? ¿Estáis siempre peleando? Pues, según una encuesta reciente, eso es lo normal para los jóvenes de 15 años para arriba. Muchos jóvenes se quejan de que sus padres no les entienden y dicen que les exigen demasiado en el colegio y que hay siempre muchas peleas sobre los deberes. "No hablo mucho con mis padres" dicen.

Para intentar evitar estas peleas, hay que charlar más con tus padres y explicarles cómo te sientes, si te molesta algo o si estás estresado por algo. Tus padres quieren ayudarte y no quieren pasar todo el tiempo discutiendo. Puede que tengan sugerencias que te ayudarán, ellos antes eran jóvenes también.

Una buena idea es establecer unas reglas básicas entre vosotros mismos y así sabrás lo que te van a permitir hacer y por qué, y eso puede ayudar a mantener la paz un poco. Son tus padres no son extraterrestres – ¡Háblales!

08·1 According to the article, which four statements are true?

Write the correct letters in the boxes.

A	Many young people aged 15 and above don't get on with their parents.
B	Many parents want their children to leave school and get a job.
C	There are lots of arguments about homework.
D	Young people should avoid arguments by not talking to their parents so much.
E	Parents don't want to hear about stress from their children.
F	Parents may be able to make some helpful suggestions.
G	Establishing ground rules can help to keep the peace.
H	Sometimes parents are like aliens!

[4 marks]

Section B Questions and answers in Spanish

Planes para el futuro

Lee lo que dicen Beatriz y Paco sobre sus planes para el futuro.

Beatriz: En septiembre iré al colegio para estudiar las ciencias. Sueño con ser médica y voy a intentar hacer unas prácticas en un hospital en el verano.

Paco: Hice mis prácticas laborales en un garaje trabajando como mecánico y me gustó mucho. Pienso dejar el instituto después de los exámenes y buscar un trabajo. No tengo ganas de trabajar en una oficina porque me parece monótono.

Contesta las preguntas en español.

0 9 · 1 ¿Qué trabajo quiere hacer Beatriz en el futuro?

_____

[1 mark]

0 9 · 2 ¿Qué planes tiene Beatriz para el verano?

_____

[1 mark]

0 9 · 3 ¿Qué piensa hacer Paco al terminar el instituto?

_____

[1 mark]

0 9 · 4 ¿Qué es lo que no quiere hacer Paco?

_____

[1 mark]

El turismo

Vas a una agencia de viajes para elegir tus próximas vacaciones. Lees este folleto.

Los Andes Si lo suyo es escaparse a la tranquilidad para respirar el aire libre y hacer senderismo, venga a las montañas más famosas de América Latina.

México Si busca usted una gran fiesta, venga a México para celebrar el Carnaval con nosotros. Si quiere disfrutar de las procesiones y bailes tradicionales, o quiere ver los combates de flores, éste es el sitio ideal para usted.

Perú Si le impresionan los Incas y sus magníficas creaciones arquitectónicas, venga a visitar Perú, donde encontrará unos sitios de interés internacional. Está aquí esperándole.

Argentina Si goza usted de la cocina, venga a nuestra rica tierra para saborear unos de los mejores platos del mundo.

Colombia Si quiere disfrutar de unas costas poco conocidas y relajarse en la arena dorada, y luego, descubrir la fascinante vida marina de nuestras aguas cristalinas, este país sería su destino ideal.

Contesta las preguntas **en español**.

Ejemplo ¿Dónde irías para probar comida deliciosa?

Argentina

1 0 · 1 ¿Dónde irías para pasar los días caminando y estar en paz?

[1 mark]

1 0 · 2 ¿Dónde pasarías las vacaciones si querías relajarte o pasar el día nadando?

[1 mark]

1 0 · 3 ¿Dónde irías para aprender sobre una civilización anciana y ver los edificios antiguos?

[1 mark]

1 0 · 4 ¿Dónde irías para festejar una celebración típica del país?

[1 mark]

El medio ambiente

Lee el blog sobre los problemas medioambientales.

El tema del medio ambiente me preocupa mucho porque no creo que hagamos lo suficiente para mejorar la situación. En el futuro, me gustaría ver más centros de reciclaje en todas las ciudades. A la vez, los gobiernos locales deben invertir más dinero en otros métodos de producir energía como la energía eólica. Es imprescindible que todos hagamos lo más posible para mejorar la situación.

En el pasado no había mucho tráfico pero ahora todo el mundo viaja en coche y muchas familias tienen dos coches. Como resultado hay mucha contaminación del aire, que me parece muy serio.

Los problemas del medio ambiente afectan al mundo entero. Tenemos que trabajar juntos para buscar alternativas a los combustibles fósiles porque se están agotando. No es suficiente decir que un problema en otro país no nos afecta aquí en nuestro país, como por ejemplo, la deforestación. ¡Hay que salvar el planeta!

Paco Hernández

Contesta las preguntas **en español.**

Ejemplo ¿Por qué piensa Paco que el medio ambiente es un problema serio?

Porque no hacemos lo necesario para mejorarlo.

1 1 · 1 Según Paco, ¿qué deben hacer los políticos?

[1 mark]

1 1 · 2 ¿Qué está causando la contaminación atmosférica, según Paco?

[1 mark]

1 1 · 3 ¿Qué cree Paco que no debemos usar más?

[1 mark]

1 1 · 4 ¿A quiénes les afecta la deforestación?

[1 mark]

Escritores famosos

Lee los textos.

A	*Federico García Lorca*	Quiero beber agua y no hay vaso ni agua; quiero subir al monte y no tengo pies, quiero bordar mis enaguas y no encuentro los hilos.
B	*Laura Esquivel*	Con un día de anticipación se tenían que empezar a pelar ajos, limpiar chiles y a moler especias.
C	*Fernando Fernán Gómez*	Esto podría ser un buen campo de batalla. En aquel bosquecillo está emboscada la infantería. Por la explanada avancen los tanques.
D	*Carmen Martín Gaite*	Yo también compré sandía, que la vendían por rajas gordas, y… me goteaba el zumo por la barbilla.
E	*Gustavo Adolfo Bécquer*	…me gustan tanto los ojos de ese color; son tan expresivos, tan melancólicos…y sus cabellos, negros, muy negros, y largos para que floten…

Escribe la letra correcta en cada casilla.

1 2 · 1 ¿Quién habla de una guerra imaginaria?

[1 mark]

1 2 · 2 ¿Quién está describiendo a alguien?

[1 mark]

1 2 · 3 ¿Quién habla de la frustración y la futilidad?

[1 mark]

1 2 · 4 ¿Quién está preparando la comida?

[1 mark]

1 2 · 5 ¿Quién describe comer una fruta?

[1 mark]

Practice Exam Paper 3: Reading

Section C Translation into English

13.1 Your friend is trying to get fit and asks you to translate part of an article that they have read in a Spanish magazine, on the topic of health and fitness. Translate into English.

> Estoy intentando comer sanamente y entonces, suelo comer una dieta equilibrada. Ayer preparé lentejas y me gustaron mucho. También, quiero hacer más ejercicio y sé que si hago deporte cuatro veces por semana, me sentiré mejor. Si pudiera, lo haría todos los días pero no tengo tiempo. ¡Venga, hazlo conmigo!

[9 marks]

END OF QUESTIONS

Collins

GCSE
Spanish

H

Higher Tier Paper 4 Writing

Time allowed: 1 hour 15 minutes

Instructions

- Use black ink or black ball-point pen.
- You must answer **three** questions.
- You must answer **either** Question 1.1 **or** Question 1.2. You must **not** answer **both** of these questions.
- You must answer **either** Question 2.1 **or** Question 2.2. You must **not** answer **both** of these questions.
- You must answer Question 3.
- Answer all questions in **Spanish**.
- Answer the questions in the spaces provided.

Instructions

- The marks for questions are shown in brackets.
- The maximum mark for this paper is 60.
- You must **not** use a dictionary.
- To score the highest marks for Question 1.1/Question 2.1, you must write something about each bullet point. Use a variety of vocabulary and structures and include your opinions.
- To score the highest marks for Question 1.2/Question 2.2, you must write something about each bullet point. Use a variety of vocabulary and structures and include your opinions and reasons.

Name: ....

Practice Exam Paper 4: Writing

Answer **either** Question 1.1 **or** Question 1.2.

You must **not** answer **both** of these questions.

EITHER Question 1.1

0 1 · 1 Acabas de ir de compras al nuevo centro comercial y decides escribir a tu amigo español para contarle todo.

Escríbele un correo electrónico.

Menciona:

- dónde prefieres ir de compras normalmente y por qué

- qué compraste y para quién

- tus opiniones sobre el centro comercial

- dónde vas a ir de compras en el futuro

Escribe aproximadamente **90** palabras en **español**. Responde a todos los aspectos de la pregunta.

[16 marks]

Practice Exam Paper 4: Writing

OR Question 1.2

$\boxed{0}\ \boxed{1}\cdot\boxed{2}$ Escribes un correo electrónico a tu amigo español sobre tu fin de semana y tu tiempo libre.

Escríbele un correo electrónico.

Menciona:

- qué hiciste el fin de semana pasado en tu tiempo libre

- qué te gusta hacer con tus amigos

- tus planes para el próximo fin de semana

- tus opiniones sobre el tiempo libre

Escribe aproximadamente **90** palabras en **español**. Responde a todos los aspectos de la pregunta.

_____

_____

_____

_____

_____

_____

_____

_____

_____

[16 marks]

Practice Exam Paper 4: Writing

Answer **either** Question 2.1 **or** Question 2.2.

You must **not** answer **both** of these questions.

EITHER Question 2.1

`0 2` · `1` Lees un blog sobre los problemas medioambientales y mandas un mensaje a tu amigo español.

Escríbele un mensaje.

Menciona:

- los problemas medioambientales que existen en tu región

- las posibles soluciones y tus opiniones

Escribe aproximadamente **150** palabras en **español**. Responde a los dos aspectos de la pregunta.

[32 marks]

OR Question 2.2

0 2 . 2 Lees un artículo en una revista española sobre los jóvenes y la paga. La revista quiere información sobre jóvenes de países diferentes. Decides responder.

Escribe un artículo.

Menciona:

- cómo ganas dinero y tus opiniones

- qué vas a hacer con tu dinero en el futuro

Escribe aproximadamente **150** palabras en **español**. Responde a los dos aspectos de la pregunta.

[32 marks]

Practice Exam Paper 4: Writing

0 3 . 1 Translate the following passage into **Spanish**.

> Last year I went on holiday to Spain. I didn't go by plane. We usually go to Italy which is very beautiful. This year we have to visit England because my parents want to go to the countryside. I think it is going to be boring. Beaches are much more fun.

[12 marks]

END OF QUESTIONS

Answers

Me, My Family and Friends

1. a) i)–ii) **Any two from**: He's Italian; He's a doctor;
      He's funny; He's kind. [2]
   b) i)–iii) She's good-looking/beautiful; She's
      intelligent; She's hard-working. [3]
   c) He's a cook. [1]
   d) She's unfriendly. [1]
   e) She's quiet/shy. [1]
   f) A teacher. [1]

2. Creo que mi hermano es muy inteligente…–…
   porque aprobó todos sus exámenes. [1]
   Mi madre tiene el pelo largo…–…y rizado con
   los ojos verdes. [1]
   En mi opinión mi padre es muy…–…estricto, pero
   también puede ser muy gracioso. [1]
   Mi abuela es muy simpática y…–…cariñosa y
   siempre me ayuda con todo. [1]
   Tengo dos hermanas que pueden ser…–…
   impacientes y a veces me molestan. [1]
   Mi tía Paula es muy activa y…–…practica
   deporte cinco veces a la semana. [1]

3. a) B [1]
   b) B [1]
   c) B [1]

4. a) Yes – she checks it every 10 minutes, (including
      during lessons) [1]
   b) To keep in contact with family / friends /
      To send messages [1]
   c) Yes – she would ask her parents to bring it to
      school for her if she forgot it / she couldn't
      go for a day without it [1]
   d) If you use it safely/carefully, it's fine/not a
      problem [1]

5. B, C, F, G (in any order) [4]

6. C, G, F, A, D (must be in this order) [5]

Free-time Activities

1. a) las canciones [1]
   b) la cocina [1]
   c) los deportes de invierno [1]
   d) el rugby [1]
   e) los videojuegos [1]
   f) la vela [1]

2. D, F, I, A, H (must be in this order) [5]

3. a) Ángel [1]
   b) Jaime [1]
   c) Rosi [1]
   d) Ángel [1]
   e) Jaime [1]
   f) Rosi [1]
   g) Jaime [1]
   h) Ángel [1]
   i) Jaime [1]
   j) Jaime [1]

Qu		Key idea	Accept	Reject	Mark
4.	Me gusta mucho escuchar música y…	I really like listening to music and…	I like listening to music a lot and…		1
	…lo que más me gusta es la música rock.	…what I like the most is rock music.	…what I most like is rock music.	…what more I like is…	1
	Suelo escucharla en mi móvil…	I usually listen to it on my (mobile) phone…			1
	…cuando voy en autobús al colegio…	…when I go to school on the bus…	…when I go by bus to school…		1
	…y también durante los recreos….	…and also during breaks…			1
	…y por la noche en casa.	…and in the evening / at night at home.			1
	La semana pasada fui a un concierto…	Last week I went to a concert…			1
	…de mi grupo preferido.	…of my favourite group.			1
	¡Fue estupendo!	It was wonderful! / brilliant!	great, etc.		1

5. a) Practicar deporte; ir al cine; leer (novelas) [3]
   b) Es una manera de mantenerse en forma. / Se
      mantiene en forma / Para mantenerse en forma. [1]
   c) (A) (los /sus) abuelos [1]
   d) (Con) (los / sus) amigos [1]
   e) (Con) cuatro compañeros / amigos (del colegio) [1]

6. ¿Cuánto cuestan las manzanas? – 2 [1]
   Sí, deme un kilo de peras, por favor. – 6 [1]
   No, nada más, gracias. ¿Cuánto es? – 8 [1]
   ¿Qué desea? – 1 [1]
   Dos euros el kilo. – 3 [1]
   Aquí tiene, gracias, adiós. – 10 [1]
   Aquí tiene. ¿Algo más? – 5 [1]
   ¿Quiere algo más? – 7 [1]
   Pues, un kilo de manzanas, por favor. – 4 [1]
   Son tres euros cincuenta. – 9 [1]

7.
a) D [1]
b) F [1]
c) A [1]
d) C [1]
e) B [1]
f) E [1]

8. ¿Perdone, dónde están los aseos? – Excuse me, where are the toilets? [1]
¿Qué sabores hay? – What flavours are there? [1]
Perdone, falta un tenedor aquí. – Excuse me, there's a fork missing here. [1]
Hoy, vamos a almorzar temprano. – Today, we're going to have lunch early. [1]
¿Pedimos la cuenta? – Shall we ask for the bill? [1]
¿Cuánto le debo? – How much do I owe you? [1]
La comida aquí es muy rica. – The food here is really delicious. [1]

Pages 13–17

Environment and Social Issues

1. C, D, F, H (in any order) [4]

Qu		Accept	Mark
2.	I live in a small town...	Vivo en un (pequeño) pueblo pequeño…	1
	…in the country.	…en el campo.	1
	I like it a lot because…	Me gusta mucho porque…	1
	…it is pretty.	…es bonito.	1
	We have a church and some shops.	Tenemos una iglesia y unas tiendas.	1
	Also, there is a park where…	También hay un parque donde…	1
	…I like to play football with my friends.	..me gusta jugar al fútbol con mis amigos.	1
	In the future I would like…	En el futuro, me gustaría/querría…	1
	…to live in the mountains.	…vivir en las montañas.	1

3.
A 5 [1]
B 3 [1]
C 6 [1]
D 1 [1]
E 2 [1]
F 4 [1]

4.
a) Tiredness, depression and stress. [3]
b) A bit of everything (except fish). [1]
c) Swimming. [1]
d) There are a lot of health risks. [1]
e) She thinks it makes them feel more grown up. [1]

5.
1 B [1]
2 C [1]
3 E [1]

6.
a) N [1]
b) P [1]
c) P [1]
d) N [1]
e) P [1]
f) N [1]
g) N [1]
h) P [1]

7.
A 4 [1]
B 6 [1]
C 1 [1]
D 7 [1]
E 2 [1]
F 5 [1]
G 3 [1]

8.
A 5 [1]
B 2 [1]
C 6 [1]
D 1 [1]
E 4 [1]
F 3 [1]

9.
a) i) Perdone (usted), ¿dónde está Correos, por favor? [1]
ii) Siga todo recto y está enfrente del mercado. [1]
b) i) ¿Por dónde se va al museo, por favor? [1]
ii) Tome la primera a la derecha y siga todo recto. [1]
c) i) Perdone, ¿puede decirme dónde está la plaza mayor, por favor? [1]
ii) Sí, cruce el puente y siga todo recto. Está a la izquierda. [1]
d) i) ¿Está lejos la comisaría? [1]
ii) No, está a cinco minutos a pie; baje la calle y está al final, al lado del cine. [1]
e) i) ¿Puede ayudarme por favor? No encuentro el mercado. [1]
ii) Cruce el río y siga todo recto. Está en la plaza mayor. [1]

Pages 18–21

Travel and Tourism

1.
a) F [1]
b) C [1]
c) E [1]
d) A [1]
e) H [1]
f) D [1]
g) B [1]
h) G [1]

2.
A 2 [1]
B 5 [1]
C 6 [1]
D 8 [1]
E 1 [1]
F 7 [1]
G 4 [1]
H 3 [1]

3.
a) 1 month. [1]
b) In her family's apartment. [1]
c) See her friends; spend all day at the beach. [2]
d) Swim / practise water sports. [1]
e) A village in the mountains. [1]
f) Took photos; bought souvenirs for grandparents. [2]
g) In a restaurant near their apartment. [1]

4.
a) martes [1]
b) jueves [1]
c) viernes [1]

5. a) N [1]
    b) P [1]
    c) P [1]
    d) P [1]
    e) F [1]
    f) F [1]

6. A 2 [1]
    B 5 [1]
    C 1 [1]
    D 4 [1]
    E 3 [1]
    F 6 [1]

Pages 22–25

Studies and Employment

1. a) Negative [1]
    b) Positive [1]
    c) Negative [1]
    d) Positive [1]
    e) Positive [1]
    f) Positive [1]
    g) Positive [1]
    h) Negative [1]

2. a) True [1]
    b) True [1]
    c) False [1]
    d) False [1]
    e) False [1]
    f) False [1]

3. a) N [1]
    b) P [1]
    c) N [1]
    d) F [1]
    e) P [1]
    f) F [1]

4. D, F, H, B, E (must be in this order) [5]

5. a) Me gustan las matemáticas. [1]
    b) No me gusta la informática. [1]
    c) Me interesan las ciencias. [1]
    d) No me gustan nada los deberes. [1]
    e) Las ciencias son más difíciles que las matemáticas. [1]
    f) El español es tan fácil como el francés. [1]
    g) Mi profesor de religión es el mejor profesor en el colegio. [1]

6. a) Elena P+N [1]
    b) Paco P [1]
    c) Miguel P+N [1]

7. C, D, F, H (in any order) [4]

Pages 26–28

Grammar 1

1. a) M, S [1]
    b) F, S [1]
    c) M, P [1]
    d) F, S [1]
    e) M, P [1]
    f) F, P [1]
    g) F, P [1]

h) F, S [1]
i) M, P [1]
j) F, P [1]

2. F, D, A, G, B (must be in this order) [5]

3. a) I didn't tell you the truth. [1]
    b) Give me the money. [1]
    c) She/He never speaks to us. [1]
    d) I saw her yesterday at school. [1]
    e) María said 'hello' to him/her. [1]
    f) Give her the ice-cream. [1]
    g) Ask him. [1]

4. a) deprisa [1]
    b) muchas veces [1]
    c) demasiado [1]
    d) bien [1]
    e) sinceramente [1]
    f) aquí [1]

5. a) para [1]
    b) por; para (in that order) [2]
    c) por [1]
    d) por [1]
    e) para [1]
    f) para [1]
    g) para [1]
    h) por [1]

6. a) adónde [1]
    b) por qué [1]
    c) cómo [1]
    d) quién [1]
    e) cuándo [1]
    f) cuántas [1]
    g) cuál [1]
    h) dónde [1]

Pages 29–30

Grammar 2

1. a) me ducho [1]
    b) lavo [1]
    c) enciendo [1]
    d) limpiar [1]
    e) comparto [1]
    f) madrugar [1]
    g) está [1]

2. Me despierto – I wake up [1]
    Pensamos – We think [1]
    Quieren – They want [1]
    Te diviertes – You amuse / enjoy yourself [1]
    Pienso – I think [1]
    Cierras – You close [1]
    Se despierta – He/She wakes up [1]
    Quiero – I want [1]
    Empieza – It begins [1]
    Cierra – It closes [1]

3. a) Siguen las instrucciones. [1]
    b) Siempre ríe mucho. [1]
    c) Repetimos los verbos todos los días. [1]
    d) Me visto a las siete. [1]
    e) Siempre pide la cuenta en español. [1]
    f) A veces nieva en enero. [1]

4. A/D (nunca/jamás); F (no); D/A (jamás/nunca); C (tampoco); B (ninguna) (in that order) [5]

5. a) Estoy leyendo un libro. [1]
   b) ¿Qué estás haciendo? [1]
   c) Julio está nadando en la piscina. [1]
   d) María y Nico están hablando por teléfono. [1]
   e) ¿Dónde estás pasando las vacaciones? [1]
   f) ¿Qué está comiendo? [1]

6. a) es [1]
   b) son [1]
   c) está [1]
   d) está, es (in that order) [2]
   e) estoy [1]

Pages 31–32

Grammar 3

1. a) A [1]
   b) C [1]
   c) C [1]
   d) A [1]
   e) C [1]
   f) C [1]

2. Está mañana he...–...hablado con mi madre y está de acuerdo conmigo. [1]
Mi amiga francesa me ha ...–... escrito una carta para describirme su pueblo. [1]
No encuentro mi móvil. ¿Mamá has...–...visto mi teléfono? [1]
¿Sabes lo que han...–...descubierto en el Amazonas? [1]
¡Ay, qué lástima! Las nubes han...–...cubierto las montañas y ahora no podemos ver nada. [1]
¿Nosotros? No, no hemos...–...vuelto nunca al restaurante. [1]

3. a) A [1]
   b) A [1]
   c) B [1]
   d) C [1]
   e) B [1]
   f) C [1]
   g) A [1]

4. a) (Yo) hablaba bien el alemán. [1]
   b) Mi hermano iba al parque los fines de semana. [1]
   c) Mis padres siempre iban a Francia. [1]
   d) (Yo) salía mucho. [1]

5. a) B [1]
   b) C [1]
   c) C [1]
   d) A [1]
   e) B [1]

6. a) Tome la primera a la derecha y siga todo recto. [1]
   b) Cruce la plaza y baje la calle. [1]
   c) Suba la calle y tome la tercera a la derecha. [1]
   d) Cruce el puente y gire a la izquierda. [1]

Pages 33–45

Higher Tier Paper 1 Listening – Mark Scheme

Section A Questions and answers in English

Qu	Accept	Mark
1	His house **P = 1**; His bedroom **P + N = 1** (must be in this order)	2

Qu	Accept	Mark
2	Bedroom space **P = 1** The colour **N = 1** (must be in this order)	2

Qu	Accept	Mark
3	E	1

Qu	Accept	Mark
4	B	1

Qu	Accept	Mark
5	F	1

Qu	Accept	Mark
6	A	1

Qu	Accept	Mark
7	H	1

Qu	Accept	Mark
8	C	1

Qu	Key idea	Accept	Reject	Mark
9.1	Quite well	They get on quite well most of time	He can be a pain	1
9.2	She is understanding AND she can talk to her about anything			2
9.3	Her stepfather / Ángel is nice / she gets on well with her stepfather			1
9.4	Her mum			1

Qu	Key idea	Mark
10	The shopping centre is going to close	1

Qu	Key idea	Reject	Mark
11	They don't do <u>enough</u> exercise / they have weight problems	They don't do exercise	1
12	68%		1
13	They don't know how to cook / prepare <u>healthy</u> food	They don't know how to cook	1

14.1	It is decreasing / going down (a little)		1
14.2	(the number of) young people that get drunk (at weekends)	The number of boys that get drunk	1

Qu	Accept	Mark
15	C, E (in any order)	2

Qu	Key idea	Mark
16	Organise the clothes AND attend to / deal with / serve the customers	2
17.1	She finds it fun / there is a variety of people (that come to the shop) / she (sometimes) chats to the customers	1
17.2	Do charitable / charity work in South America	1

Qu	Key idea	Accept	Reject	Mark
18	Trying to get good marks (all of the time)	Having to study so much / having to do homework every night		1

Qu	Accept	Mark
19	B, D, F (in any order)	3

Qu	Key idea	Mark
20	In the supermarket On the Internet	2

Qu	Accept	Mark
21	C	1

Qu	Key idea	Accept	Reject	Mark
22.1	Because she can't do anything (about the situation)	It was hard to see what is happening to people (in Africa)		1
22.2	Pressurise the government to intervene in the problem	Pressurise the government to act / into action		1
22.3	ANY TWO OF: clothes, food, medication, anything else that they need			2
22.4	C			1

Qu	Accept	Mark
23.1	B	1

Qu	Key idea	Mark
23.2	He won't have to work when he doesn't want to	1

Section B Questions and answers in Spanish

Qu	Accept	Reject	Mark
24	Son (demasiado) caros Prefieren que (lo) tenga uno / un móvil / Prefieren que pueda ponerse en contacto		2
25	Es útil para el trabajo escolar / buscar información para hacer los deberes	Buscar información	1

Qu	Accept	Mark
26	B and D	2

Qu	Accept	Reject	Mark
27.1	Ir a sitios (nuevos) para conocer (los) / entender la cultura de un lugar		1
27.2	Ir de vacaciones apartes / separados		1

Qu	Accept	Mark
28.1	C	1

Qu	Key idea	Mark
28.2	Un aumento en las enfermedades <u>respiratorias</u>	1

Pages 46–50

Higher Tier Paper 2 Speaking – Mark Scheme

Photo card – Example answers:

1st question
En la foto hay un grupo de siete jóvenes jugando al voleibol en la playa. Me parece que lo están pasando bien porque todos están sonriendo. Creo que es durante el verano porque hace buen tiempo y todos llevan ropa de verano como pantalones cortos con camiseta. También van descalzos. Creo que es un grupo de amigos y en mi opinión se están divirtiendo mucho.

> **Tip**
> When asked to describe the photo, try to give as much detail as possible and include an opinion. Useful words to know to describe this photo: pasarlo bien (to have a good time), sonreír (to smile – a stem-changing verb), divertirse (to enjoy oneself – stem-changing and reflexive).

2nd question
Para mi un buen amigo debe ser leal y honesto porque creo que es importante poder tener confianza en mis amigos. También me gusta pasarlo bien con mis amigos, así que creo que un buen amigo tiene que tener un

buen sentido de humor. Mis amigos suelen tener gustos parecidos a los míos en cuanto a música y cine o deportes y eso puede ser algo importante también, porque así nos gusta hacer cosas similares.

Tip
Always aim to develop your answer, by going beyond what the question asks you. Note how, in the example above, the answer moves on from what makes a good friend to why this is important.

3rd question

La semana pasada fui al gimnasio con mi mejor amigo para hacer ejercicio y luego el sábado, fui de compras en el centro con otros amigos. ¡Lo pasamos fenomenal! Creo que es importante pasar tiempo con tus amigos porque puedes hablar de muchas cosas con ellos, incluso los problemas. Este fin de semana voy a quedar con unos amigos de mi colegio para ir al cine.

Tip
There will always be a question which requires you to answer in a tense other than the present tense. In this case, the question is in the preterite tense. However, make sure you show that you can combine several different tenses in your answer. Note how the answer above uses the preterite tense, the present tense and then the near future tense. Note how the answer above also has a change of person of the verb, which always impresses the examiner!

Role Play – Example answers and information:

Your teacher will start the role play by saying an introductory text such as:

Introduction: Estás hablando con tu amigo español sobre las vacaciones. Yo soy tu amigo.

1. **Teacher:** ¿Adónde fuiste de vacaciones el año pasado?
   Where did you go on holiday last year?

   Student: El año pasado fui de vacaciones a España con mi familia.
   Last year I went on holiday to Spain with my family.

Tip
Make sure you include two elements as required in the question.

2. Unprepared question
   Teacher: ¿Cómo prefieres viajar cuando vas de vacaciones?
   How do you prefer to travel when you go on holiday?

   Student: Suggested answers- any of- Normalmente prefiero viajar/ir en avión / en barco / en tren / en coche.
   Usually I prefer to travel/go by plane / boat / train / car.

Tip
Make sure you listen carefully to the question word and the tense in the question. Any method of transport expressed in the present tense is acceptable.

3. **Teacher:** ¿Qué hiciste durante tus vacaciones?
   What did you do on your holiday?

   Student: Visité muchos pueblos bonitos y también nadé en la piscina.
   I visited lots of pretty towns and I also swam in the pool.

Tip
The question requires two elements in the past tense.

4. **Teacher:** ¿Adónde vas de vacaciones este año?
   Where are you going to go on holiday this year?

   Student: Voy a ir a Italia en el verano.
   I am going to go to Italy in the summer.

Tip
The question is in the future tense and the student has added an extra element to the answer.

5. Asking a question
   Student: ¿Qué tipo de vacaciones prefieres?
   What type of holiday do you prefer?

   Teacher: Pues, prefiero hacer turismo cuando estoy de vacaciones.
   Well, I prefer to go sightseeing when I am on holiday.

Tip
There will always be a question to ask, so ensure that you revise how to ask a question.

Tip
When you are preparing for your role-play consider:

- How many elements you need to include in each of your answers.
- Whether you need to use 'tú' or 'usted'.
- The tense that is expected – the tense will be inferred. For example in this role-play we have the past implied by el año pasado (last year).
- For the question you need to ask, examine the tense of the question and whether you are going to say 'tú' or 'usted'.

General Conversation – Example answers:

Theme 1: Identity and Culture

1. Diría que me llevo mejor con mi hermana mayor porque es muy simpática y podemos hablar de cualquier cosa. También es más madura que mi hermano y solemos pasar mucho tiempo juntas.

2. Pues sí, a mí me gustaría casarme pero solo quiero una boda pequeña porque creo que es más íntima. Y las bodas pueden ser muy caras también, que me parece una pérdida de dinero.

3. Mi familia entera siempre se junta para celebrar el día de Navidad. Comemos mucha comida rica y siempre lo pasamos muy bien. ¡El año pasado eramos diecinueve personas!

4. Creo que me gustaría hacer el paracaidismo porque me parece muy emocionante. Sería una experiencia inolvidable aunque bastante cara.

5. Lo uso para muchas cosas, por ejemplo, suelo descargar música y películas y también puedo buscar información para completar mis deberes. Y por supuesto me encanta acceder a las redes sociales y comunicarme con mis amigos.

Theme 2: Local, National, International and Global Areas of Interest

1. Mi casa ideal sería muy grande y tendría un gimnasio y una piscina porque me encantan los deportes. Lo ideal sería estar situada cerca del centro de la ciudad.

2. Lo que más me gusta de mi región es que hay mucho que hacer. Se puede ir a la playa o dar una vuelta por el campo y luego, si te apetece, hay un montón de bares y restaurantes en el centro.

3. Practicar deporte es una buena manera de mantenerte en forma y te hace relajarte y evitar el estrés. La semana pasada, jugué dos veces al fútbol y también fui a la piscina y al gimnasio.

4. En mi opinión, algunos jóvenes piensan que es muy guay emborracharse y creen que tienen que beber mucho para pasarlo bien. Yo no estoy de acuerdo.

5. Lo que más me preocupa es el medio ambiente. Creo que tenemos que hacer más porque estamos destruyendo el planeta a un ritmo alarmante. Voy a hacerme socio de una organización benéfica porque creo que es imprescindible que actuemos ahora.

Theme 3: Current and Future Study and Employment

1. Pues, no creo que sea tan serio en mi instituto. Los profesores son muy buenos si hay un problema entre alumnos y siempre intentan ayudarnos a resolverlo. Pero creo que en algunos sitios, sí, es un problema.

2. Personalmente, quiero ir a la universidad porque quiero ser veterinario. Estudiaré las ciencias, que sería bastante difícil, pero es mi sueño.

3. Para mí, lo más importante es que te guste el trabajo y que estés contento. No quiero hacer un trabajo simplemente porque paga bien si el trabajo es muy monótono.

4. A mí me gustaría tener un trabajo para poder ganar un poco de dinero, pero me resultaría muy difícil porque siempre tengo un montón de deberes para hacer. Quizás el año que viene pueda buscar algo.

5. Pues, sí, me encantaría trabajar en España o Francia para poder usar mis idiomas y también sería una experiencia muy útil para el futuro.

Pages 51–64

Higher Tier Paper 3 Reading – Mark Scheme

Section A Questions and answers in English

Qu	Accept	Mark
1.1	B	1
1.2	C	1
1.3	B	1

Qu	Accept	Mark
2.1	B	1
	D	1
	E	1
	H (in any order)	1

Qu	Accept	Mark
3.1	Carolina	1
3.2	Rosa	1
3.3	Emilio	1
3.4	Jesús	1

Qu	Accept	Mark
4.1	E B H F (in this order)	4

Qu	Key idea	Accept	Mark
5.1	Unemployment	Being out of work	1
5.2	It's increased/gone up by 5%		1
5.3	12%		1
5.4	Terrorism		1

Qu	Accept	Mark
6.1	N	1
6.2	P	1
6.3	N	1
6.4	F	1

Qu	Key idea	Reject	Mark
7.1	3 years	Since she was 3 years old	1
7.2	Whenever (she wanted)	Any specific time	1
7.3	Twice		1
7.4	(they) have (always) listened (to her) (She has) always been able to talk to them (about anything)		2
7.5	Your hopes and worries		2

Qu	Accept	Mark
8.1	A	1
	C	1
	F	1
	G (in any order)	1

Section B Questions and answers in Spanish

Qu	Key idea	Accept	Reject	Mark
9.1	(Quiere ser) médica	doctora		1
9.2	(intentar) hacer prácticas (en un hospital)		Ir a un hospital	1
9.3	Buscar un trabajo	Encontrar un trabajo		1
9.4	Trabajar en una oficina			1

Qu	Accept	Mark
10.1	Los Andes	1
10.2	Colombia	1
10.3	Perú	1
10.4	México	1

Qu	Key idea	Accept	Reject	Mark
11.1	Invertir/ gastar más dinero en otros métodos de (producir) energía	Dar más dinero a otros métodos de (producir) energía		1
11.2	El tráfico / los coches	Todo el mundo viaja en coche / muchas familias tienen dos coches		1
11.3	Los combustibles fósiles			1
11.4	(a) todos / todo el mundo		(a) Nosotros / nuestro país	1

Qu	Accept	Mark
12.1	C	1
12.2	E	1
12.3	A	1
12.4	B	1
12.5	D	1

Section C Translation into English

Qu		Key Idea	Accept	Reject	Mark
13.1	Estoy intentando comer sanamente y entonces...	I am trying to eat healthily and so/therefore...			1
	...suelo comer una dieta equilibrada.	I usually eat a balanced diet.	I am accustomed to eating a balanced diet.		1
	Ayer preparé lentejas y me gustaron mucho.	Yesterday I cooked /prepared lentils and I really liked them.	... and I liked them a lot.	Wrong tense	1
	También, quiero hacer más ejercicio...	Also, I want to do more exercise...	...exercise more...		1
	...y sé que si hago deporte cuatro veces por semana...	...and I know that if I do sport 4 times a week...	...four times per week...		1
	...me sentiré mejor.	...I will feel better.		It will make me feel better.	1
	Si pudiera, lo haría todos los días...	If I could, I would do it every day...		Wrong tense	1
	...pero no tengo tiempo.	...but I don't have time.		Wrong tense	1
	¡Venga, hazlo conmigo!	Come on, do it with me!			1

Pages 65–74

Higher Tier Paper 4 Writing – Mark Scheme

Question 1

For this question (1.1 or 1.2) there are 4 compulsory bullet points, which must all be attempted, although there does not need to be an equal amount written for each point. The marks are awarded for Content (10 marks) and Quality of Language (6 marks). The number of words is 90 and the maximum mark is 16.

Content

Level	Marks	Response
5	9–10	Very good response covering all bullet points. Communication mainly clear and opinions given.
4	7–8	Good response covering all bullet points. Communication is mostly clear with only a few ambiguities. Quite a lot of information given with opinions.
3	5–6	Reasonable response covering most of the bullet points. Communication mostly clear but with some ambiguities. Some information and an opinion given.
2	3–4	Basic response covering some bullet points. Communication sometimes clear but messages sometimes break down. Little information. Opinion given.
1	1–2	Limited response covering some bullet points. Communication may not be clear and messages break down. Very little information. Opinion may be given.
0	0	Content does not meet the standard for Level 1.

Quality of Language

Level	Marks	Response
3	5–6	A variety of vocabulary used. Attempts at complex structures evident. Three time frames attempted, largely successfully. Mainly minor errors. Some errors may occur in more complex sentences, but meaning usually clear. Appropriate style and register.
2	3–4	Some variety of vocabulary used. Some attempts at complex structures evident. Two time frames attempted, largely successfully. Some major errors and more frequent minor errors. Some errors may occur in more complex sentences, but meaning usually clear. More accurate then inaccurate. Style and register may not always be correct.
1	1–2	Not a wide range of vocabulary used and may be repetitive. Sentences often not constructed correctly and usually short and simple. Frequent errors. Incorrect style and register.
0	0	The language does not meet the standard for Level 1.

- A major error seriously affects communication.
- If a mark of 0 is given for Content, a mark of 0 must also be given for Quality of Language.

Sample Answer Question 1.1

Hola Miguel. Me encanta ir de compras y normalmente voy al pueblo con mis amigos porque es muy divertido. Siempre pasamos un día entero allí.
El sábado pasado fui al nuevo centro comercial y lo pasé muy bien. Compré un regalo para el cumpleaños de mi madre. Le compré un jersey de su tienda preferida. ¡Es muy bonito!
Me gustó el centro comercial porque hay una buena variedad de tiendas distintas. ¡Es muy guay!

En el futuro me encantaría ir de compras a Nueva York porque creo que sería muy emocionante.

[16 marks]

Sample Answer Question 1.2

El fin de semana pasado visité a mis abuelos y luego, mis amigos y yo jugamos al críquet en el parque. Me encanta el fin de semana porque suelo ir al cine con mi amiga María. Nos gusta mucho ver películas de acción. Pero el fin de semana que viene, voy a ir al teatro con mi familia y estoy muy emocionada. ¡Será estupendo!
En mi opinión, es muy importante hacer algo relajante en tu tiempo libre, como practicar deporte o salir con amigos, para aliviar el estrés del instituto.

[16 marks]

Question 2

For this question (2.1 or 2.2) there are 2 compulsory bullet points, which must both be attempted, although there does not need to be an equal amount written for each point. The marks are awarded for Content (15 marks) Range of Language (12 marks) and Accuracy (5 marks). The number of words is 150 and the maximum mark is 32.

Content

Level	Marks	Response
5	13–15	Fully relevant with lots of detail and information. Communication mainly clear and opinions and reasons given.
4	10–12	Almost always relevant with a lot of information. Communication mostly clear with only a few ambiguities. Opinions and reasons given.
3	7–9	Generally relevant with quite a lot of information. Communication usually clear but with some ambiguities. Opinions and some reasons given.
2	4–6	Some relevant information. Communication sometimes clear but messages sometimes break down. Opinion given.
1	1–3	Limited relevant information. Communication may not be clear and messages break down. Opinion may be given.
0	0	Content does not meet the standard for Level 1.

Range of Language

Level	Marks	Response
4	10–12	Very good variety of vocabulary and structures. Some complex sentences used. A fluent piece of writing. Appropriate style and register.
3	7–9	Good variety of vocabulary and structures. Some complex sentences attempted and mainly successful. Largely fluent piece of writing with occasional lapses. Appropriate style and register.
2	4–6	Some variety of vocabulary and structures. Some longer sentences used with linking words, often correctly. Style and register may not always be correct.

Level	Marks	Response
1	1–3	Not a wide range of vocabulary used. Sentences usually short and simple. Incorrect style and register.
0	0	The range of language produced does not meet the standard for Level 1.

Accuracy

Level	Marks	Response
5	5	Accurate. Could be a few errors, particularly in complex sentences. Secure verbs and tenses.
4	4	Generally accurate. May be some minor errors. Occasional major errors, often when attempting complex sentences. Verbs and tenses almost always correct.
3	3	Fairly accurate. Some minor and some major errors. Verbs and tenses are usually correct.
2	2	More accurate than inaccurate. Meaning usually fairly clear. Some verbs and tenses incorrect.
1	1	A lot of major and minor errors. Meaning not clear most of the time. Largely incorrect verbs and tenses.
0	0	Accuracy does not meet the standard for Level 1.

- A major error seriously affects communication.
- If a mark of 0 is given for Content, a mark of 0 must also be given for Quality of Language.

Sample Answer Question 2.1

En mi región, hay unos cuantos problemas medioambientales. Para mí, lo peor es la contaminación atmosférica, a causa del tráfico que circula por la ciudad. Lo que pasa es que la red de transporte público es muy mala en esta región y como consecuencia, la gente usa su propio coche. Pero, ¿por qué no cogen la bici o por qué no van a pie? No sería tan difícil ya que la ciudad es bastante compacta. Además, hay mucha basura en las calles y todo parece muy feo.
Soy de la opinión de que deberían construir más carriles bici, para que la gente decida dejar el coche en casa. Si pudiéramos convertir el centro del pueblo en una zona peatonal con espacio para bicis también, mejoraría el problema de la contaminación del aire y a la vez, todo el mundo estaría más en forma. También el ayuntamiento debe instalar más cubos de basura. ¡Así me gustaría mi región!

[32 marks]

Sample Answer Question 2.2

Para ganar dinero tengo un trabajo a tiempo parcial. Trabajo todos los sábados en una tienda de ropa y la verdad es que me gusta mucho. Diría que es muy divertido porque no sólo puedo ayudar a los clientes, sino también hablar con mis colegas todo el día. La semana pasada trabajé más horas y entonces gané más dinero. ¡Qué bien! Lo único es que al final de la semana estaba muy cansada y era difícil completar todos mis deberes para el colegio.

Cuando tenga suficiente dinero, voy a comprarme un nuevo portátil porque el mío no funciona bien y va muy lento. Voy a ir con mis padres a buscar uno dentro de poco. Si trabajo muchas horas, podré comprar el portátil dentro de unos meses. También estoy pensando en intentar ahorrar un poco de dinero para mis vacaciones del año que viene. Vamos a ir a Estados Unidos y necesitaré mucho dinero para gastar allí.

[32 marks]

Question 3

The translation is awarded marks for Conveying Key Messages (6 marks) and Application of Grammatical Knowledge of Language and Structures (6 marks). The maximum mark is 12 and the sense of the whole passage must be taken into account when awarding marks.

Conveying Key Messages

Level	Marks	Response
6	6	All key messages communicated.
5	5	Nearly all key messages communicated.
4	4	Most key messages communicated.
3	3	Some key messages communicated.
2	2	Few key messages communicated.
1	1	Very few key messages communicated.
0	0	Content does not meet the standard for Level 1.

Application of Grammatical Knowledge of Language and Structures

Level	Marks	Response
6	6	Excellent knowledge of vocabulary and structures; almost faultless.
5	5	Very good knowledge of vocabulary and structures; highly accurate.
4	4	Good knowledge of vocabulary and structures; mostly accurate.
3	3	Reasonable knowledge of vocabulary and structures; more accurate than inaccurate.
2	2	Limited knowledge of vocabulary and structures; mostly inaccurate.
1	1	Very limited knowledge of vocabulary and structures; highly inaccurate.
0	0	Language produced does not meet the standard for Level 1.

- If a mark of 0 is awarded for Conveying Key Messages, a mark of 0 is automatically awarded for Application of Grammatical Knowledge of Language and Structures.

Sample Answer (Indicative Content)

The following indicative content is an example of an answer that would achieve full marks.
El año pasado fui de vacaciones a España. No fui / viajé en avión. Solemos ir / normalmente vamos a Italia que es muy bonita / preciosa. Este año tenemos que visitar Inglaterra porque mis padres quieren ir a / visitar el campo. Creo / Pienso que va a ser muy aburrido / pesado. Las playas son mucho más divertidas.

Notes

Notes

Rethink Revision

Have you ever taken part in a quiz and thought '*I know this*!', but, despite frantically racking your brain, you just couldn't come up with the answer?

It's very frustrating when this happens, but in a fun situation it doesn't really matter. However, in your GCSE exams, it will be essential that you can recall the relevant information quickly when you need to.

Most students think that revision is about making sure you **know** stuff. Of course, this is important, but it is also about becoming confident that you can **retain** that *stuff* over time and **recall** it quickly when needed.

Revision That Really Works

Experts have discovered that there are two techniques that help with all of these things and consistently produce better results in exams compared to other revision techniques.

Applying these techniques to your GCSE revision will ensure you get better results in your exams and will have all the relevant knowledge at your fingertips when you start studying for further qualifications, like AS and A Levels, or begin work.

It really isn't rocket science either – you simply need to:

- **test yourself** on each topic as many times as possible
- **leave a gap** between the test sessions.

It is most effective if you leave a good period of time between the test sessions, e.g. between a week and a month. The idea is that just as you start to forget the information, you force yourself to recall it again, keeping it fresh in your mind.

Three Essential Revision Tips

1. **Use Your Time Wisely**

   - Allow yourself plenty of time.
   - Try to start revising six months before your exams – it's more effective and less stressful.
   - Your revision time is precious so use it wisely – using the techniques described on this page will ensure you revise effectively and efficiently and get the best results.
   - Don't waste time re-reading the same information over and over again – it's time-consuming and not effective!

2. **Make a Plan**

   - Identify all the topics you need to revise.
   - Plan at least five sessions for each topic.
   - One hour should be ample time to test yourself on the key ideas for a topic.
   - Spread out the practice sessions for each topic – the optimum time to leave between each session is about one month but, if this isn't possible, just make the gaps as big as realistically possible.

3. **Test Yourself**

   - Methods for testing yourself include: quizzes, practice questions, flashcards, past papers, explaining a topic to someone else, etc.
   - Don't worry if you get an answer wrong – provided you check what the correct answer is, you are more likely to get the same or similar questions right in future!

Visit our website for more information about the benefits of these revision techniques and for further guidance on how to plan ahead and make them work for you.

collins.co.uk/collinsGCSErevision

Acknowledgements

The author and publisher are grateful to the copyright holders for permission to use quoted materials and images.

All images Shutterstock.com

Every effort has been made to trace copyright holders and obtain their permission for the use of copyright material. The author and publisher will gladly receive information enabling them to rectify any error or omission in subsequent editions. All facts are correct at time of going to press.

Published by Collins
An imprint of HarperCollins*Publishers* Ltd
1 London Bridge Street
London SE1 9GF

HarperCollins*Publishers*
Macken House,
39/40 Mayor Street Upper,
Dublin 1, D01 C9W8
Ireland

© HarperCollins*Publishers* Limited 2020

ISBN 9780008326753

Content first published 2016
This edition published 2020

10 9 8 7

British Library Cataloguing in Publication Data.

A CIP record of this book is available from the British Library.

Commissioning Editor: Fiona Burns
Author: Allison Macaulay
Project Manager and Editorial: Katie Galloway
Cover Design: Sarah Duxbury and Kevin Robbins
Inside Concept Design: Sarah Duxbury and Paul Oates
Text Design and Layout: Jouve India Private Limited
Production: Lyndsey Rogers
Printed and bound in the UK using 100% Renewable Electricity at CPI Group (UK) Ltd

This book is produced from independently certified FSC™ paper to ensure responsible forest management.

For more information visit: www.harpercollins.co.uk/green